奧 賾 論 理

—— 跨文化哲學研究

吳 懷 晨 著

文 史 哲 學 集 成

文史哲出版社印行

國家圖書館出版品預行編目資料

奧賾論理：跨文化哲學研究 / 吳懷晨著--初版--
臺北市：文史哲, 民 105.04
　　頁；　公分（文史哲學集成；683）
　　ISBN 978-986-314-293-5（平裝）

1.哲學　2.跨文化研究　3.文集

107　　　　　　　　　　　　105006096

文史哲學集成 683

奧　賾　論　理
跨文化哲學研究

著　　　者：吳　　　懷　　　晨
出　版　者：文　史　哲　出　版　社
　　　　　　http://www.lapen.com.tw
　　　　　　e-mail：lapen@ms74.hinet.net
登記證字號：行政院新聞局版臺業字五三三七號
發　行　人：彭　　　正　　　雄
發　行　所：文　史　哲　出　版　社
印　刷　者：文　史　哲　出　版　社
　　　　　　臺北市羅斯福路一段七十二巷四號
　　　　　　郵政劃撥帳號：一六一八〇一七五
　　　　　　電話886-2-23511028・傳真886-2-23965656

定價新臺幣三六〇元

二〇一六年（民一〇五）四月初版

奧賾論理：跨文化哲學研究

目　　次

前　　言

　　這是一本跨文化哲學的論述集，共分六篇論著。第一篇討論中國思想中的「氣」並兼之以西方哲學中的物質因相對比。第二篇討論《老子》中的有無論，並以黑格爾《邏輯學》開端處的三個範疇「有無變」作為對照。三四篇援用法國思想家巴塔耶的理論；第三篇以巴塔耶的總體經濟學去解釋殷商文明的財富與獻祭，第四篇則以巴塔耶的愛慾論與拉岡的凝視理論探究了陳界仁的創作，並引申談論現代西方之凝視。五六篇論文則與法國哲學家盧梭相關，第五篇辨析了盧梭對人性論的看法，第六篇則由此比較了盧梭與孟子的人性論。如若勉強分類，則可兩兩視為一組，前兩篇是討論中西本體論之同異，三四篇則由巴塔耶理論進入跨文化的視野，最後兩篇章乃對比了盧梭與孟子的性善論。

　　本書諸篇論著之寫作，乃出於筆者個人對中西跨文化哲學之興趣。長久以來，筆者固然受到異文化之吸引，亦同時以未能涵泳於古中國文化為憾。受兩方拉扯而僵於其間，想來也是作為當代學子不得不然之景況。近代以來，漢語世界中所進行的哲學研究，或多或少皆反應

出「跨文化哲學」的脈絡；那麼，本書諸篇論著，便直接探討有共同焦點的哲學論題。以下，略述筆者對跨文化哲學的詮釋視域之反思。

一、研究旨趣

（一）跨文化哲學作為研究學科？

首先，在漢語世界這個哲學環境中，跨文化哲學常是讓人狐疑的論題。若沒有對所要比較的中西論題各自有深入的理解，那麼，哲學比較的工作常常是失敗的。或許出於孤陋寡聞而產生望文生義之誤解，亦可能因為學養不足而無法達成原先比較上所預設的目標。其次，比較的論題是否是中西世界中共有的，也多是值得推敲的。

跨文化哲學常招致的第一個質疑是，究竟有沒有跨文化哲學這門學問以作為嚴格的學科？然則，實質上更根本的問題是，漢語世界中有沒有「哲學」？或漢語世界中有沒有西方意義下的「哲學」思維？[1]

---

1 「其實，對於中國哲學、中國哲學史，在中國學術界一直是有一些『從中』還是『從西』的兩難心情。20 世紀上半葉，在西洋大潮下，經過日本的轉手，進入中國的『哲學』一詞已經有相當影響，也給現代中國學術重新處理古代中國思想提供了一個很好的思路和框架，但是，要完全接受西洋哲學的標準來談中國思想，似乎也頗有些『圓枘方鑿』的尷尬。1918 年，傅斯年給蔡元培寫信反對哲學算是文科，理由是西洋哲學以自然科學為基礎，而中國哲學以歷史為基礎，那麼中國哲學根本不算是哲學。十年以後，他更是直接說古代中國『本沒有所謂哲學』，只有『方術』，並且明確表示了對這種『沒有哲學』的健康的欣喜。1922 年，章太炎講《國學概論》，

　　過去百年以來，面對西潮東進，漢語世界的讀書人經歷了多重的討論，各自以他們的學養去面對、衡量、與吸收西方的哲學。在筆者所閱讀過的文獻中，前輩學者於面對西方哲學時，常持以下幾種態度，1.抗拒西方哲學而以中國固有之學養為傲，2.有些則試圖融會貫通中西雙方的思想，3.有的則完全排斥中國固有的思想，而以西方哲學所討論的內容與方法論為科學的理論。環顧現今漢語世界從事哲學學科的工作者，以上所及之三種態度仍是可以觀察到的。

　　面對西方哲學的文本時，根本的問題，即語言的差異。西方哲學過去兩千多年來主要使用過的哲學語言為印歐語系中的諸語言。這些語言，和分屬漢藏語系中的漢語截然不同。書寫方法、語音構造、語意結構、語法系統在漢語與西方語言中都是根本大異。於是，在還沒有進入方法論與哲學內容的討論之前，因著雙方語言的巨大差異，基本關鍵詞語的翻譯工作就是一個難題。例

也說『今姑且用『哲學』二字罷』，在『姑且』二字中，能看到他的一絲無奈。而梁啟超《中國歷史研究法補編》則把哲學史有意識地稱為『道術史』，連 1903 年翻譯過《哲學要領》的蔡元培，在1924 年自己寫《簡易哲學綱要》的時候，也把哲學比作『道學』，但又無奈地強調『我國的哲學沒有科學作前提，永遠以『聖言量』為標準』，所以『我們現在要說哲學綱要，不能不完全採用歐洲學說』，最明顯的是胡適，他在 1929 年就明確地說到，他已經『決定不用《中國哲學史大綱》卷中的名稱了』。」葛兆光：〈為什麼是思想史？──　"中國哲學" 問題再思〉，《江漢論壇》，7（2003），頁 2。

如，一個沒有受過基礎西方哲學訓練的學者，對於「存有」、「實體」、「先驗」、「思辯」……等詞語之內涵意義是無法理解的。另外，有些經過翻譯的詞語，僅是表面上容易理解但仍歧義紛出，如「倫理」、「現代」、「自然」……等。

於是，在吾人追問有沒有跨文化哲學之比較前，「哲學」是什麼？「哲學」這個翻譯而來的名詞在漢語世界中是否以得到一共通可理解的基礎，應該是吾人可以先研究的論題。中國人的學問裡，究竟有沒有哲學，一直是個紛爭不已的問題。[2]在西方的學科分類中，中國人的思想常被認為只是漢學而不是嚴格意義的哲學。於是，有的學者認為，漢語世界中沒有「哲學」，只有「思想」，或者儒家只是一種宗教。持這類立場者，在民國初年中，最著名者為傅斯年，他說：

---

2 「中西哲學，由於民族氣質，地理環境，與社會型態的不同，自始即已採取不同的方向。經過後來各自的發展，顯然亦各有其不同的的勝場。但是中國本無『哲學』一詞。『哲學』一詞源自希臘。這是大家所熟知的。我們現在把它當作一通名使用。若把源自希臘的『哲學』一名和西方哲學的內容合在一起，把它們同一化，你可以說中國根本沒有哲學。這個時代本是西方文化當令的時代，人們皆一切以西方為標準。這不但西方人自視是如此，民國以來，中國的知識份子一般說來，亦無不如此。所以有全盤西化之說。中國以往沒有產生出科學，也沒有開出民主政治。這是不待言的。……說哲學，中國沒有西方式的哲學，所以人們也就認為中國根本沒有哲學。這樣看來，中國文化當真是一無所有了。」牟宗三：《中國哲學的特質》（台北市：臺灣學生，1974），頁5。

　　「斐洛蘇非」，譯言愛智之義，試以西
　洋所謂愛智之學中包有各問題與戰國秦漢諸
　子比，乃至下及魏晉名家、宋明理學比，像
　蘇格拉底那樣的愛智論，諸子以及宋明理學
　是有的；像柏拉圖所舉的問題，中士至多不
　過有一部份，或不及半；像亞理斯多德那樣
　竟全沒有。[3]

　　然而，大部分漢語世界的哲學研究者並不以中國沒
有哲學為樂。而毋寧是以中國沒有哲學為悲，於是，在
研究上便有了如此之心態：

　　　　自漢語世界和印歐世界相通以來，漢語

3　此段引文出自 1928 年的〈戰國子家敘論〉一文，在該文中傅先生還
　說：「拿諸子名家理學各題目與希臘和西洋近代哲學各題目比，不
　相干者如彼之多，相干者如此之少，則知漢士思想中原無嚴意的斐
　洛蘇非一科，『中國哲學』一個名詞本是日本人的賤製品，明季譯
　拉丁文之高賢不曾有此。」頁 288。「不相干者如彼之多，相干者
　如此之少」是對的，筆者亦贊成如此觀點。在這本比較論文中，筆
　者亦盡力從相干如此少之中去尋求一比較的可能性。而在另一篇文
　章〈與顧頡剛論古史書〉中，傅先生亦重複了同樣的談論：「我不
　贊成適之先生把記載老子、孔子、墨子等等之書呼作哲學史。中國
　本沒有哲學。多謝上帝，給我們民族那麼一個健康的習慣。我們中
　國所有的哲學，僅多到蘇格拉底那樣而止，就是柏拉圖的也尚不
　全有。」傅斯年：《傅斯年全集》，歐陽哲生主編（長沙市：湖南
　教育，2003），頁 408。在傅先生的談論中，他對哲學的定義為何？
　他對西洋哲學理解程度的多寡，都還是吾人必須追問的問題。

> 世界的思想家們大抵帶著實用或者救國的眼
> 光來研究印歐世界的思想。這種想法不可諱
> 言地有其一定的價值，但是這樣的作法所帶
> 來的價值絕非思想作品所呈現的價值。[4]

即便吾人不抱持著「價值」比較上的心態，而回到哲學的字詞定義上去追問中國有沒有哲學這門學科，這仍然不是一個筆者可以充分回答的問題。在此，筆者只以兩個方向來逼近這個大哉問。

1.字源拆解

一般而言，若問到哲學是什麼的時候，吾人常見的字源式拆解，從 "Philosophy" 一字而得到它的意義是「愛智之學」。但「愛智之學」畢竟是一個過於寬鬆的定義。吾人可以參考另一個字源的分析，在《巴曼尼得斯篇譯註》一書中，陳康討論過何謂「哲學研究」（διαλεκτική μέθοδος）〈依現代哲學中文的翻譯，此一名詞該譯為「辯證的方法」〉，此語出自《國家篇》（Ⅶ 533C），在現代漢語哲學的語境中，這個術語常與辯證術相關。陳康說：

> 它相當於我們現在所謂「哲學」，或更

---

4 彭文林：《柏拉圖作品選讀：哲學的永恆之火》（臺北：誠品，1999），頁89。

> 精確點，相當於現在哲學中的所謂萬有論和
> 認識論部分。……何以柏拉圖名哲學研究為
> διαλεκτική μέθοδος（dialectic method）或
> διαλέγεθαι，其原因如下：蘇格拉底研究哲學
> 所取的方法是和人談話；談話在希臘文即是
> διαλέγεθαι。這愛智活動所採取的方法一變而
> 代表這個活動的本身；哲學研究即名為
> διαλεκτική μέθοδος。[5]

　　的確，吾人平素理解的柏拉圖著作皆以對話、談話形式出現，對話乃是蘇格拉底從事哲學活動所採用的方法。這是在《國家篇》中吾人可見的柏拉圖對哲學活動所做的定義。筆者以為，陳康的整理，可以提供吾人一個很好的字源學考察，去對應省思中國的學問中是否有西方這類的「哲學」？[6]

5　彭文林，《倫理相與分離問題》（台北，明目書社，2002），頁102。
6　如陳康所說，蘇格拉底的哲學方法是和人談話。和人談話是尋常的活動，吾人在日常生活中經常操作此一談話的活動。談話可以稱得上是哲學或有其方法論嗎？難道中西方的談話活動有何不同？筆者可以指出一個事實，兩條道路若在一路口分岔，儘管起初兩條道路分離的角度是狹小的，但沿著原先分離的方向走下去，則相離的距離是越來越大。一般而言，蘇格拉底的談話可以分為兩類，一種順著引言人的談話路徑而最終使之陷入自我矛盾的局面，吾人將蘇格拉底這類的談話稱之為「意見的迷亂」（Irony/Ironie）。另外一種則是蘇格拉底逐步引領與談人的談話路徑以致最後達到思想的真理，「在對話裡，檢驗對話伙伴所提出的命題，並且進行一種正確理論引導，以便能夠確定對話伙伴是否提出真確的意見。」蘇格拉

2.中國哲學史之撰述

　　吾人亦可用中國哲學史〈言之中國哲學史而非中國思想史，其基本預設已是漢語世界中本有哲學這樣的學問〉的撰述作為一觀察的基點。如果吾人考察百年以來最著名的三本中國哲學史，胡適的《中國哲學史大綱》（上卷），馮友蘭的《中國哲學史》與勞思光的《中國哲學史》。胡適的著作講究以西方科學的觀點來考察先秦諸子，書中若干的談論在今日看來稍顯突兀〈如以十九世紀當紅的進化論解讀莊子〉[7]。而馮氏與勞氏的考察觀點，則不離馮友蘭在《中國哲學史》中的一段話，他說：

> 哲學本一西洋名詞。今欲講中國哲學史，其主要工作之一，即就中國歷史上各種學問中，將其可以西洋所謂哲學名之者，選出而敘述之。[8]

　　顯然這是以西學為體，而擇中國學問比附的立場了。這樣的立場在筆者所身處的哲學環境中是常見的。

底把這種方法稱之為「給出合理的論述」（λòγον διδóναι）。同上註，頁 45。筆者並不認為漢語世界少有過這類 λòγον διδóναι 的活動，也即筆者認為這是中西思想道路分岔的起點。

7 如勞思光的評論：「這部書不是『哲學史』，只是一部『諸子雜考』一類考證之作。」勞思光：《中國哲學史・第三卷》（台北：三民書局，1981），頁 3。

8 馮友蘭：《中國哲學史・兩卷本》（上海：華東師範大學出版社，2000），頁 3。

例如，吾人早已經習慣以西方式知識論、形上學、倫理學、邏輯學的分類將中國的學問加以歸檔別類。如果以更為細部的方式考察這種立場，那麼，當代學人早已不能免除用西方哲學的概念去討論中國的學問。其原因除了西潮來襲外，在二十世紀初漢語世界所發生的白話文運動亦是主因。當舊有的文言文式微、崩解、而新舊汰換之際，許多歐譯的字詞與概念就慢慢地承接且成為新式白話文中的一環。今日吾人所使用的漢語，在字詞與文法語句上都受到西方語言的重大影響。[9]時至今日，吾人有可能以固有的學科分類去整理中國的學問嗎？如《宋明學案》[10]這類書籍的體例，或以經學、子學的界定去從事研究教學？

在馮友蘭的想法中，顯然中國有哲學，而他這段不太起眼的談論：「就中國歷史上各種學問中，將其可以西洋所謂哲學名之者，選出而敘述之。」今日想來真是至理名言，已然成了筆者身處的這個時代中研究中國思想的途徑了。

9　如筆者這篇論文中許多段落文字，文法上都是過於歐化了。但如果以「優美」〈好〉的中文來將之改寫的話，許多本欲表達的概念與理路則都將消失，而在「哲學義理」上顯得不足。一般而言，好的中文都是言簡意賅但容易導致歧義性。

10　如勞思光所說，在舊日學人中，「除了黃梨洲的『明儒學案』與未及完成的『宋儒學案』，可算是部分的哲學史外，我們簡直找不著可算是哲學史的東西。」勞思光：《中國哲學史・第三卷》，頁2。

（二）過往的跨文化哲學

至於有沒有跨文化哲學之比較？或者跨文化哲學是否可以歸入一科學的領域？從來都是引人爭議的論題。但，可見的是，一直有跨文化哲學的這樣的思想活動持續進行著。黑格爾《哲學史講演錄》便是一個最好的例子。在該書中，論到希臘哲學之前，黑格爾便以他自身的哲學體系對世界上重大文明進行了思想分析。也就留下了黑格爾對易經、儒家、老子等思想的評判。黑格爾的論述，顯然是一跨文化哲學的剖析。當然，經過剖析之後，也就留給西方哲學一個遺產，即中國並沒有哲學活動這一斷言。

民國以來，中國的讀書人進行跨文化哲學的工作者亦多，如梁漱溟之《東西文化及其哲學》。在該書中，梁氏提出了著名的「文化三世說」，將世界文化分為西方文化、中國文化和印度文化。而經過三種文化的比較評比，顯然，梁氏較為看重中國調和式的文化，因為中國文化調和持中，中庸自得，才是真正合乎時宜的哲學思想。或如牟宗三，提出了道德的形上學，依牟先生自身的理論，從而評比了西方的道德形上學。

要評價這些跨文化哲學的成績是困難的。如黑格爾所言：漢語世界中沒有「哲學」，只有「思想」這樣的斷語，確然留給吾人許多爭論的空間。但跨文化哲學的確已成為了哲學工作的一環，也是重要的一環。

　　時至今日，在漢語世界中所進行的哲學活動，不論是純然的中國古代思想之研讀，亦或印歐語系之思想研究，依筆者之見，或多或少皆是一跨文化哲學的工作。百年以來，漢語思想界之重要用語與思維風潮，不能說不受到西方概念之巨大影響。《倫語》改為德行與倫理學的結合，《老子》成了邏格斯（logos）與形上學的命題，《墨經》中則藏了某些邏輯與知識論的意涵……等等。

二、比較之論題與詮釋學的循環
（hermeneutischen Zirkel）

　　在本書諸篇所比較的論題中，包含了：論張載之「氣」概念，並以亞里斯多德之「物質因」為比較；討論了《老子》起源論，並以黑格爾《邏輯學》為對照；整理了巴塔耶的濫費思想，並以商文明之祭祀為例；以及比較了盧梭與孟子的人性論。

　　這些比較工作之進行，筆者乃訴諸以「詮釋學的循環」來反思本跨文化哲學之論題。詮釋學的循環強調：「詮釋學規則認為，我們必須從個別理解整體並以整體理解個別。」[11]理解的活動並非由一獨斷或孤立的基點出發去詮釋文本或事物，當代的詮釋學理論教導著我們，在吾人的理解活動開始之前，吾人總是已經帶著某種前見解（Vor-Meinungen）來進行詮釋的活動。在《真

11　Gadamer, Hans-Georg，《眞理與方法》第二冊，洪漢鼎譯，（臺北市：時報文化，1993），頁 65。

理與方法》一書中，迦達瑪（Gadamer, Hans-Georg）說：「理解的運動就這樣不斷地從整體到部分又從部分到整體。理解的任務就在於從同心圓中擴展被理解的意義統一體。所有個別和整體的一致就是當時理解正確性的標準，缺乏這種一致則意味著理解的失敗。」[12]

譬如，在這本跨文化哲學論文之中，當吾人試圖去理解張載的氣概念時與西方之物質因時，吾人是否已經帶著「物質」、「氣化論」、「科學粒子」、或「實體」等等的前見解去詮釋這兩項文本？吾人何以會帶著這些前見解去看待此二項文本，而反省這些前見解的根源性與有效性，其誕生之歷史與演變之軌跡，乃詮釋學規則總提醒著吾人必要做到的考察。

海德格曾經提示，詮釋學的循環並非一壞的循環，以下，是論到詮釋學循環時的一段著名談論：「循環不可以被貶低為一種惡性循環，即使被認為是一種可以容忍的惡性循環也不行。在這種循環中包藏著最原始認識的一種積極的可能性。當然，這種可能性只有在如下情況下才能得到真實理解，這就是解釋（Auslegung）理解到它的首要的經常的和最終的任務始終是不讓向來就有的前有（Vorhabe）、前見（Vorsicht）、和前把握（Vorgriff）以偶發奇想和流俗之見的方式出現，而是從事情本身出發處理這些前有、前見、和前把握，從而確保論題的科

---

12 同上註，頁65。

學性。」[13]

當吾人由現代中文語境去理解古代漢語的「氣」，去理解古希臘文之"hupokeimenon"；由現代中文之「世界」去指涉西方思想中之"κόσμος"時，吾人確然已由這些前見解去認識宇宙論，並準備以此詮釋黑格爾之文本了。這是一種最初的籌畫，為的是將為閱讀文本前籌畫出一最初的意義。無人能不帶有任何的先理解與先期待來詮釋其所要詮釋的文本。當然，在進入文本而持續詮釋的過程當中，由原初的意義到逐漸解讀而得的整體的意義時，該要注意，兩者之間是相互循環詮釋，從而修正，從而維持住意義的統一體之平衡。以上，是在方法論上對於跨文化哲學的稍加反思。

三、小　結

本書諸篇論著，乃筆者過往數年在不同關照狀態下所思索研究而寫出，或出自於筆者對盧梭哲學之喜好，或對巴塔耶思想之著迷，也是對中華文化下「氣」論之興趣；從而在諸多緣由下，產出了諸篇中西跨文化下之相互比較的哲學論文。[14]編輯回首之際，仍自慚才疏學

---

13 同上註，頁 353。

14 那麼，筆者在考量本文之寫作的同時，立場無異於進入異文化或異民族而考量的人類學家，也就將自己的心態調整如李維史陀所說：「在這裡，他們，一些不知名的陌生人，對我則是而言是非存有，既然他們如此希望的就是這樣！但是我，同他們和一切東西都隔離開來，那麼我是什麼？這就是我仍然要探索的東西（Here they are,

淺，這只是筆者在跨文化思想比較下的暫時集結，期盼
將來能有更寬闊的視野去努力融通中西思想視域。最後
必須提及的是，本書諸篇論著進行之時，都曾獲得國科
會或科技部計劃補助支持，心中自有誠摯謝意。

unknown strangers, non-beings to me, since they wished it so! But I,
detached from them and from everything, what am I? This is what
remains for me to seek.）。」
於是從第一個命題可以延伸為第二個命題：「在這裡，他們，一些
不知名的陌生人，對我則是而言是非存有，既然我如此希望的就是
這樣！但是我，同他們和一切東西都隔離開來，那麼我是什麼？這
就是我仍然要探索的東西（Here they are, unknown strangers,
non-beings to me, since *I* wished it so! But I, detached from them and
from everything, what am I? This is what remains for me to seek.）。」
Claude Lévi-Strauss, *Structural Anthropology*. trans. by Monique
Layton（Chicago: University of Chicago Press. 1983）, p.36.

衡定張載思想之「氣」概念：
兼論張橫渠之「氣」與亞里斯多德之「物質因」的比較

一、前　言[*]

　　長久以來，對宋代思想大師張載的詮釋多分歧不定，意見不一，張載既可以被認為是理學家，也可以被當作是唯心論者，氣化論者，甚或唯物主義者；各家各派，都可以從張載思想中擷取他們所欲立論的資源。本文以為，對於張載思想詮釋的爭議，都集中在對其「氣」概念之闡揚不定上。主因在於張載言天道多兼及氣說，故道／氣（或以張橫渠的其他哲學語言來說，可分為理／氣、虛／氣、和／氣等）究竟是合一或二分，常常是詮釋家們爭論不休的話題。當然，也因為這十年來學界氣論研究的抬頭，多將張載哲學標榜為氣論系譜的始祖，使得本文在衡定張子之「氣」概念之寫作上意義十足；本文希冀能為張子哲學之定位釐清提供一更清晰的理論貢獻。

---

[*]　本文原刊載於《哲學與文化》，37,1（2010,01），頁 141-166。

　　本文之寫作分為以下幾個部分：討論各家各派對張載氣論之分派分系，以及他們何以如此劃分之緣由。張載氣論造成各家分歧的文本出處，以及各家論者如何詮釋這些爭議的文本；直究張載氣之存有論，由此見中國哲學中「氣」之本來面目；比較張載之氣與亞理斯多德《物理學以後諸篇》[1]中的物質概念。由此可見中西方論氣之小同大異；結論。

二、對張載思想之分系

　　以下，本文先簡述三種宋明理學之分系，並申論張載思想如何被歸類其中。

（一）「理學」vs.「心學」

　　在宋明理學傳統的分系中，最正統的劃分是程、朱「理學」與陸、王「心學」的兩個傳統。[2]在這二分的傳統中，橫渠思想通常被歸入程、朱「理學」之中，屬於天道性命相貫通的理學傳統。而張載的理／氣二分常被視為朱子思想之先驅，而最終在朱子那裡統合了理／氣思想之爭論。[3]

---

1 此書一般中文多逕譯為《形上學》或《形而上學》，此處之翻譯乃根據陳康先生而來。
2 「心學」兩字，由王陽明首度提出，心學／理學之權衡分立，乃宋明思想家自身立論之要點。
3 宋明理學的分系，除了傳統程、朱「理學」與陸、王「心學」的二系說之外，民國以來也有三系說與一系說的提出。三系說乃由牟宗

（二）1949 年以後之新中國哲學研究

　　1949 年以後的大陸學者，一般多以「唯物主義」去詮釋橫渠思想。本文僅簡單列舉馮友蘭[4]的分類，來理解二十世紀五〇年代後大陸學者對張橫渠思想之解讀。馮友蘭將程顥列為心學的一派，而程頤列為理學的一派，在這兩派之外，他說：「心學和理學是傳統的名詞，如果以這兩個名詞為例，立一個新名詞，那就可以說張載的一派是氣學。心學和理學是道學中的唯心主義，氣學是道學中的唯物主義。」[5]於是，馮氏之劃分為以下兩派：

　　（一）「唯心主義」中的「心學」和「理學」。
　　（二）「唯物主義」中的「氣學」。[6]

　　山先生所提出，是將宋明理學分為三系：濂溪、橫渠、明道、五峰、蕺山為一系，伊川、朱熹為一系，象山、陽明為一系。而一系說是由勞思光先生提出，是將宋明理學視為一整體來相對應先秦儒家的理論學說。勞先生雖將橫渠哲學視為宋明理學此系之一，但張載哲學在他看來，還未完全擺脫漢儒「宇宙論中心之哲學」的影響，且與勞先生口中的「孔孟心性論」距離尚遠。

4　從馮友蘭之學思歷程可見大陸學人在二十世紀中葉前後之思想轉換。在第一版的《中國哲學史》中，馮氏以西學柏拉圖主義的觀點來劃分張橫渠的氣／理二元論，認為張子此二概念之劃分類同於柏拉圖哲學中形式（form）與質料（matter）的二分。但在八〇年代的《中國哲學史新編》中，則主張橫渠思想為一唯物主義的立場，將氣視作一極微小的物質，而神僅是氣散而不可見者。筆者指出這點，乃在特別強調大陸哲學研究者在二十世紀後期的思想轉折，尤其受到政治思維的影響甚巨。

5　馮友蘭：《中國哲學史新編（五）》（台北：藍燈文化事業公司，1991），頁 135。

6　其濫觴始於張岱年，一九五五年張岱年發表了〈張橫渠的哲學〉一

在第二種「唯物主義」立場的「氣學」之詮釋下，宋明清理學家凡有論「氣」者，如羅欽順、王廷相、劉蕺山、黃宗羲、陳確、顏元、王夫之、戴震等人，就被大陸學者歸為一類，形成一個「氣學」的系譜，張載思想自然也被劃分其中。或者說為「氣本論」，或者說為「氣一元論」、「元氣本體論」等等。總之，都是在西方唯物主義前提下所做出的思想劃分。

（三）對反大陸學者唯物主義的立場

台、港學者多反對大陸學者將橫渠思想解釋以唯物主義「氣學」，台、港學者如牟宗三先生、唐君毅先生、勞思光先生等，多嚴正駁斥張子為一唯物論者。

依唐君毅先生，張載並非一自然主義唯物論的哲學家。他認為，張載之「氣」乃是「氣」之兼具虛實之義者。而「物」乃第二義以下之存在概念，「氣」之流行才是第一義之存在概念。這個「氣」之一流行的存在或存在的流行，唐先生不問其是今人所謂的物質或精神，相反地，他認為「氣」之純粹流行可說成是西方哲學中的純粹活動、純粹變化。依以上簡短的說明，可見唐先生除了駁斥唯物主義的想法外，也並非以傳統程、朱「理

文，文中說：「張橫渠是北宋時代最偉大的唯物論者，他在與佛家唯心論的鬥爭中，建立了卓越的唯物論哲學體系。」見張岱年：《張橫渠的哲學》，《中國哲學發微》（太原：山西人民出版社，1983），頁 94。

學」與陸、王「心學」的分類去歸納研究張載氣論。相反地，唐先生對氣的看法，提供了吾人相當獨特且具理論價值的研究路線。關於唐先生的詳細意見，本文將在下節中詳討。

　　至於牟宗三先生，眾所皆知，牟先生乃以「道德的形上學」去貫通儒學心性之學，而橫渠當然列為其中一員。牟先生雖然認為，橫渠以氣之絪縕來說道，著於自然主義之意味太重，易被人誤解為唯氣論，但他強調：「然而橫渠以天道性命相貫通為其思參造化之重點，此實正宗之儒家思理，決不可視之為唯氣論者。」[7]他說，儒家道德創造實體之體用，不只是一種姿態，而確是一客觀的實體。而這就是「道德創造之宇宙論」。[8]牟先生因此將張載思想列入其三分系之濂溪、明道、五峰、蕺山等一系。

　　另外，對勞思光先生而言，橫渠之思想乃「形上學與宇宙論混合之系統」。勞先生認為，張載上承《易傳》與《中庸》而建立其形上學理論，在講德性與成德功夫時，則又參雜了宇宙論的成分。雖然他批評張載「氣」之概念分寸不明，但他絕對堅持橫渠思想非唯物論的立場。見其《儒家辭典》中之條目：

　　　張載反對道家虛無之說，以「氣」與「神」

7　牟宗三：《心體與性體》（台北：正中書局，2003），頁 439。
8　同上註，頁 464。

> 及「化」等觀念建立其宇宙論，是書解易，
> 亦是順此路發揮。其所言之「氣」，乃一形
> 上觀念，非物質性之存在。近年有以「唯物
> 論」立場釋張說者，大謬。[9]

然而，近年來有些學者也強調對於「氣學」之重視，認為那是理學與心學之外的一個獨立的系統，而與大陸學者不同的是，他們反對將「氣論」視為唯物主義，而逐漸開展出氣論哲學的特色。[10]

9　勞思光：《儒家辭典》，http://humanum.arts.cuhk.edu.hk/ConfLex/。
10　如台灣學者劉又銘。見其著作劉又銘：《理在氣中 —— 羅欽順、王廷相、顧炎武、戴震氣本論研究》（臺北：五南圖書出版公司，2000）。劉氏將宋明清理學區分為理本論、心本論與氣本論，而他主要關注在於第三種，而將之又區分成兩類，一類是「神聖氣本論」，另一類是則「自然氣本論」。顯然，後者才是他所贊同的，見其語：
1. 神聖氣本論：「神聖氣本論（張載、劉宗周 1578-1645、黃宗羲 1610-1695、王夫之 1619-1692 等人屬之）以全幅地蘊涵著價值的『全氣是理（理本論的理）』或『全氣是心（心本論的心）』的神聖元氣為本體（跟理本體或心本體融貫為一的氣本體），其理論性格與理論效果跟原有的理本論、心本論相近或相當，可以看做跟原先的理本論或心本論相容相結合的氣本論。」
2. 自然氣本論：「自然氣本論（羅欽順、王廷相、吳廷翰、顧炎武 1613-1682、戴震 1724-1777 等人屬之）以素樸渾沌、潛藏價值而在運行有序中逐步開顯價值的自然元氣為本體，其理論性格與論述進路跟原有的理本論和心本論大相逕庭，可以理解為一種『有限價值蘊涵的本體觀』。……自然氣本論則強調生化流行的潛在理則以及人的有限道德理性的興發開展、積累漸進，它才是真正跟理本論、心本論鼎足三分的氣本論，也是最接近現代一般中國人的世界、心靈圖像的哲學典範。」上述各段之引文見：劉又銘，〈吳廷翰的自然氣本論〉，《成大宗教與文化學報》5（2005, 12），頁21-23。

（四）大陸學者之「唯物主義」的內涵

　　值得說明的是，本文通篇脈絡下所指的「唯物主義」或「西方唯物主義」，都是依循著大陸學者所劃立的「唯心主義」v.s.「唯物主義」之二分而來。二十世紀三〇年代以來，漢學世界的若干思想家受到馬克思主義的巨大影響，而力主對反於「唯心主義」的「唯物主義」，並堅持「唯物主義」才是唯一的哲學真理。在這樣的哲學真理之立場下，才有了以「唯物主義」的「氣學」去考察傳統中國思想或張載思想的學術路線。

　　雖然本文主張「以氣為本」的路線去研究張載哲學，但本文寫作的目的之一，便在於說明張載並非此一中國馬克思式的唯物主義者，論證的細節將在下文陳述。在此，僅簡要說明，依西方哲學傳統而言，「唯心主義」（idealism）v.s.「唯物主義」（materialism）這樣的二分與中文翻譯未必是正確的哲學術語。1.Idealism（觀念論）在西方哲學中淵源流長，肇始於柏拉圖之理型（eidos，或譯「相」），論證至德國哲學中乃致有主觀觀念論或絕對觀念論之沿革。2. 若以 Materialism 而言，在各家各派中其內涵亦不相近，[11]就若干觀念論者而

11　什麼是唯物論（materialism）？鑑於本文乃處理張橫渠思想，而非專文處理唯物論淵源流長底思想史；故，筆者僅簡單以《西洋哲學辭典》中的定義來舉證。在該書唯物論條目中，將唯物論定義：「作為普遍的世界觀，唯物論認為整個實在界毫無例外地可以歸結於物

言，material 亦只是觀念，本文將在以下舉亞里斯多德的物質（matter）概念以為說明。

　　簡而言之，中國馬克思式之唯物主義是在對反一切精神（唯心、心靈、靈魂……）概念後而成立的。[12]至

質以及完全從屬於物質條件的力量。依理性主義的唯物論的說法，整個實在界完全可以測量可以計數；生物學的唯物論則認為物質事件是不可捉摸的秘密，但無須用不繫於物質的因素來解釋。」引文見，布魯格、項退結編譯：《西洋哲學辭典》（台北：華香園出版社，1992），頁 328。

若依以上定義，而將張橫渠視作唯物論者，則當以為張橫渠思想符合以上所說的「整個實在界毫無例外地可以歸結於物質以及完全從屬於物質條件的力量」，而其中的物質，顯然指氣。

筆者撰寫此文的目的，即在於論證張載非一唯物論者，要反駁此點，筆者論證的進路在於證明 ——「氣非物質」。

12 所謂「對反」一切精神概念而成立，即是在一否定意義下所作的自身證成。至於中國馬克思式之唯物主義對（唯物主義）自身的正面界定如何？依筆者粗淺的觀察，中國式的唯物主義者多言否定性的證成意義，而少言對其自身的正面哲學界定。筆者茲以張岱年：〈張橫渠的哲學〉一文來舉證。因為張岱年乃標舉張橫渠為偉大唯物論者的第一人，他說張橫渠建立了卓越的唯物論哲學體系。這些言論，在發表的當時都含有豐富的政治性含意，即是在中國固有的學問中去尋找唯物主義的因子，以證成傳統中國思想能符應當時大陸政治正確下的馬列主義。以下先列舉在該文中張岱年論到「物質」或「唯物論」的一些談論，他說：「在這些批判佛教的言論中，張橫渠明確地肯定了物質世界的獨立存在，明確地肯定了物質世界的第一性與人心的第二性。」或者「張橫渠的唯物論就在於他認為一切存在都是氣，無形的太虛也是氣。」，而在該文的第三小節「張橫渠對於物質世界的解說」中，張岱年說到：「氣是中國古代唯物論的基本概念。先秦的道家早已提出了『通天下一氣耳』的觀點，但關於氣卻沒有詳細的說明。到張橫渠，才建立了關於氣的系統的學說。張橫渠以為一切存在都是氣，整個世界只是氣。」在以上的論說中，張岱年認為橫渠思想所以稱為唯物論，乃因張載主張一切

於其自身的內涵，若以「氣」而言，或許指的是氣為物質性的粒子存在。

三、反對唯物主義的詮釋

（一）論題釐清

在上一節中，本文約略整理了傳統以來對張載思想解讀之不同判定。除了台港學者與大陸學者這樣地域性的劃分外，雙方的陣營似乎也可以說成是唯物主義（氣論、唯氣論、氣化論、氣本論、氣一元論、元氣本體論……）與反唯物主義（傳統的理學、道德心性論、道德創造之宇宙論……）的差異。當然，主張橫渠哲學為氣論、氣化論、氣本論……之思想家，未必認為張載哲學是唯物主義；並且，這些學者在唯物主義與反唯物主義的立場外，另尋一種對中國傳統氣論的解釋，並認為中國人之氣不能簡單解釋以物質或精神等概念，這也是本文寫作論證的目的所在。

那麼，本文以為，以上分判衡定的爭議都來自於張載思想中以下四個概念間相互關係之解讀，這四個概念分別是：虛（太虛）、氣、和（太和）、神。

是氣。彷彿對張岱年而言，「氣自然是物質的」。所以主張一切是氣，也就自然是一唯物主義的支持者。而在本文的寫作中，一個重要的工作即是要論證：「氣未必是物質的」。如果氣未必是物質，則張橫渠不可被稱為唯物主義者。論證過程見下文。以上張岱年的引文，見張岱年：《張橫渠的哲學》，頁 94-101。

1.若先探討「虛」與「氣」二概念的關係。虛／氣之間的爭議，主要來自以下《正蒙》（太和篇）中的幾段文本：

> 太虛無形，氣之本體。
>
> 知虛空即氣。
>
> 氣之聚散於太虛，猶冰凝釋於水，知太虛即氣，則無無。

綜合以上三句，敷陳其義，常引發的爭議有：（1）若「太虛無形，氣之本體」，則太虛應是氣之本體，即氣的本來面貌，那麼，太虛是否在存在位階上高於氣，即太虛是否為更高的真實存有？（2）「虛空即氣」，則虛就直接等同為氣嗎？這「即」字的內涵常引起學者多方討論。[13]（3）由第三句，冰、水為同一存有物，冰／

---

[13] 蕺山跟隨著橫渠「太虛即氣」之說，亦言「虛即氣」，李明輝認為蕺山的本意，所主張的當非「氣先理後」，而是「理氣相即」；由此他解釋了「即」字之理解，見其語：「這個『即』字該如何理解呢？筆者曾指出：這個『即』字既非表示邏輯意義的 A=A，亦不可理解為象山、陽明就心之自我立法而言『心即理』之『即』，更不同於天臺宗以非分解的、詭譎的方式說『生死即涅槃，煩惱即菩提，無明即法性』之『即』。這個『即』字當是意謂『雖形下者，而形上者即在其中』或『就形下之中而指其形而上者』之義；質言之，理並非可以脫離氣而獨立存在的抽象之物（如柏拉圖的『理型』、亞里斯多德的『純形式』），其存在與活動必然關聯著氣。」李明輝：〈劉蕺山對朱子理氣論的批判〉，《漢學研究》19,2（2001,12），頁 23-24。

水的關係「猶」氣／虛的關係，那麼，氣虛是否就是同一種存有物？

如何解釋以上三種「虛／氣」關係，在眾多探討張載與宋明理學的文本中，多莫是一終，勞思光先生就一針見血指出：

> 以「太虛」與「氣」二詞為最高實有之兩義。虛字在說明，氣本身之無形而已。虛，本身意義欠明確，故為程朱所議。
>
> 問題出在「氣」的概念，分寸不明，為程門所議。[14]

2.至於，「氣」與「和」、「神」之間的關係，最對立的詮釋出於以下兩則句子。第一句為《正蒙》（太和篇）的首句：

> 太和所謂道，中涵浮沈升降動靜相感之性，是生絪縕相盪勝負屈伸之始，其來也幾微易簡，其究也廣大堅固，起知於易者乾乎，效法於簡者坤乎，散殊而可象為氣，清通而不可象為神。

---

14 勞思光：《中國哲學史・第三卷》（台北：三民出版社，1982），頁 176。

　　第二句則是《正蒙》第四篇（神化篇）的首句：

　　　　神，天德，化，天道。德，其體，道，
其用，一於氣而已。

　　第一句由太和所謂道談起，而最終以「散殊而可象
為氣，清通而不可象為神」為結尾，似乎產生了「神／
氣」的分立，即清通不可象之神與散殊可象之氣的二元
對立。但第二句所持顯然為一元論的立場，並且為氣一
元論，因為不論「神／化」抑或「道／德」，皆「一於
氣而已」。兩句同出於《正蒙》的句子在論點上立場迥
異，前者可解釋為為氣／神二元論，後者則是氣一元論。
故，由此可見，張載之學說引起理學傳統與唯物主義之
間的理論爭論，不是空穴來風。
　　那麼，綜合以上引文，敷陳其義，可歸納出幾點問
題：
　　1.在「虛／氣」關係上，
　　（1）究竟太虛可否直接地等同氣，抑或
　　（2）太虛在存有位階上高於氣，或者
　　（3）太虛只是氣的一種存在狀態，即氣散極清則為
太虛？
　　2.在「氣」、「和」、「神」之關係上，究竟
　　（4）太和可否分為清通不可象之神／散殊可象之
氣，抑或

（5）神亦是一於氣而已？

如若本文在此粗略地區分，則，依目前張載思想的研究而言，（1）（3）（5）的立論會被說為是唯物主義者的主張，即主張天地萬有之中的最原初的基質是「氣」。而（2）（4）的主張在當前張載思想的研究脈絡下，顯然就對反於以「氣」為本的主張，而支持還有高於氣的原初的基質之存在。[15]

（二）反對唯物主義

支持張載氣論為反唯物主義的思想家，多特別標舉「清通而不可象為神」的這一個面向，牟宗三先生可說是這一派最好的代表。在《心體與性體》一書中，牟先生將「太和」視為宇宙的本體，〈太和篇〉首句：「太和所謂道……散殊而可象為氣，清通而不可象為神」，牟先生詮釋為：「張子在這裡所說的『太和』，乃指宇宙渾沌未分化的本體，意義同於道。」[16]如此，便將「太和」等同「道」，以「道」為宇宙本體者，則由此推衍「太和」等同宇宙本體。牟先生以「太和」為宇宙本體之一總持的觀念，之後，再由分解義來論太和，而將太和宇宙論地分為「氣」和「神」兩概念。

15　本文在此粗淺地分類，僅是要羅列出當前張載思想研究之方向的依據，並不代表筆者自己之意見。筆者僅是大體列出各家詮釋的依據文本，以便在下文中進行論證檢討，以得出最適宜的詮釋基準。

16　牟宗三：《心體與性體》，頁437。

　　至於太和與「虛／氣」之間的關係，牟先生則認為，依太和分解而立，一方面成一清通不可象之神之虛，一方面既與氣對立，而又定住太和之所以為和。故，依牟先生，此三者之推衍關係如下：

　　太和（縱持）→太虛（清通不可象之神）
　　　　　　　　　→氣（散殊可象之氣）

　　所以牟先生說：「吾人即可以『清通無象之神』來規定『太虛』」，[17]並且認為，「太虛無形，氣之本體」與乾稱篇「氣之性本虛而神」為同義語，氣之性乃是氣超越之體性。因為「太虛」乃由「清通無象之神」來規定，故此，牟先生創造了一個新穎的術語──「太虛神體」。

　　顯然，牟先生的詮釋方式，乃緊緊扣住〈太和篇〉「散殊而可象為氣，清通而不可象為神」一句，總持以「太和」為本，爾後分解為神〈太虛〉與氣；即太和有散殊而可象與清通而不可象的兩種狀態，前者稱為氣，後者稱為神。在這種解釋下，牟先生之立場看似成立，彷彿真有「神／氣」的對立。

　　但，太虛神體一詞的提出，是否真屬必要。[18]牟先生既然以「太和」為宇宙本體，則又添之以太虛神體，如此是否有本體二分的顧忌，亦值得後學思量。

17　同上註，頁443。
18　吾人可以在此加入奧坎剃刀式的考量。

四、唯物主義的立場

　　除了上文所提〈神化篇〉首句：「神，天德，化，天道。德，其體，道，其用，一於氣而已」外，唯物主義者還可以在以下各句中：「氣有陰陽，推行有漸為化，合一不測為神」〈太和篇〉、「氣之性本虛而神」〈乾稱篇〉……援取論點。如此，氣彷彿是更根本的東西。在這幾則例句中，「神／氣」並非如牟先生所言是由太和分解而成，反而失去了它們對稱的關係，而神更顯得是由氣之陰陽合一而成，因為體／用都是氣。例如，在大陸學者張岱年的意見中，張載所論的一切存在都是氣，牟先生以為太虛神體的太虛，對張岱年而言，便是吾人所謂普通的天空，萬有是氣，都是物質性的。

　　詮釋的起點不同，而最終導致截然不同的詮釋結果。即，究竟吾人要以「神／氣」對立的觀點來詮釋張載思想，還是以「一於氣」的觀點來導向類似一元論的詮釋。

五、「虛／氣」折衷的立場

　　然而，筆者確認為，張載研究者朱建民先生的談論看似折衷，卻更是一合理的立場。[19]在朱建民先生看來，太和、太虛二概念，都是形容詞，兩者都有轉換成名詞

---

19 朱建民先生早年的詮釋傾向於其指導業師牟宗三先生的立場，爾後有所轉折；本文在此所討論的便是朱先生晚期的立場。

使用的意義存在。他說：

> 基本上，「太虛」原屬形容詞，如同「太
> 和」原本亦為形容詞。依此理解，太虛即為
> 至極之清虛，太和即為至極之和諧。張載可
> 將此形容詞用來描述氣，亦可用來描述神或
> 理。於是，當此一形容詞轉為名詞使用時，
> 它可指氣，亦可指神。……這種雙重作用即
> 表示神與氣有兼通合一之處。[20]

　　他認為太虛除可指氣之外，亦可指神。若綜合地說，氣與神不離不二，但若以分解的講法，則太虛一詞同時指神，亦同時指氣。[21]在這樣的詮釋角度下，則「太虛即氣」的「即」之解讀如下：

> 「太虛就是氣」，不宜了解做「太虛等
> 同於氣」，或「太虛與氣是同義字」。「太
> 虛」與氣並不是兩個可以相互代換的名詞，
> 則「太虛就是氣」只能了解做「太虛與氣在
> 本質上是相同的」，或是了解做「太虛是氣
> 的一種」。[22]

---

20 朱建民：《張載思想研究》（台北：文津出版社，1989），頁 66。
21 同上註，頁 66。
22 同上註，頁 67。

　　顯然，朱先生運用了西方思想中「本質」此一概念來重新詮釋「虛／氣」關係。那麼，在此意義下，「氣之聚散于太虛，猶冰凝釋于水。知太虛即氣，則無無」，這句話該解釋為：「冰與水在本質上相同，只是存在狀態有異。同樣的，氣與太虛在本質上相同，只是存在狀態不同。」[23]在這樣「本質」義的解釋下，朱建民認為氣乃一名而兼有三義，即存在義、流行義、作用義。如若氣與太虛在本質上相同，則太虛亦兼此三義，但朱先生特別說：「比較起來，流行偏就氣化而言，則氣之流行義特重，太虛之流行義則不彰。張載強調的毋寧是太虛之存在義與作用義。」[24]朱建民先生對存在義與作用義的定義是：「就存在義而言，張載強調太虛雖是無形，但此無形絕非不存在。就作用義而言，張載強調太虛之虛而善應的本性，更由此而說氣化之相感不已。」[25]那麼，在朱建民的想法中，可以將「虛／氣」關係歸納出以下幾點：（一）虛與氣在「本質」上相同，只是存在狀態有（二）「太虛」與「氣」乃一名而兼有三義，即存在義、流行義、作用義。（三）但比較起來，氣之「流行義」特重，而太虛強調的是「存在義」與「作用義」。

　　故，因著學者在解讀橫渠思想時，或者偏重氣之「流

23　同上註，頁 67。
24　同上註，頁 67。
25　同上註，頁 67-8。

行義」，或者偏重太虛之「存在義」與「作用義」，而在《正蒙》一書中，可以找到正反對立的句子，來證明橫渠思想是屬神抑或只是言氣，而判斷出橫渠思想是屬神的唯心論還是屬氣的唯物主義之大異的談論。

如果「虛／氣」只是「本質」上的不同，那麼，在此意義下，進一步釐清「氣」的概念，對於解讀張子哲學就佔了關鍵性的地位。如此，可以進入到本文的中心主旨，本文主張「以氣為本」的路線來詮釋張子哲學，但此「以氣為本」的立場（或稱氣論、氣化論、氣本論）並不如唯物主義那樣以「氣」為最後的基質或元素，如一西洋概念下的「物」。同樣地，本文亦不主張只由牟先生所說那樣「太虛神體」精神性的存在去詮釋張載哲學。相反地，本文將要主張，此中國人之氣，乃具獨特之意義，這也是為什麼張子特以神／氣同時來形容氣的原因所在。此一氣的獨特意義，將在下文闡明。

六、張子氣論與《易》

由上節的結論，「虛／氣」只是「本質」上的不同，如此凸顯了「氣」概念之關鍵性。於是，在探究張載思想時，「氣是什麼」成為一個必然追索的提問。然而，氣之存有論，乃中國文化史的一大論題；因為，「氣」已然在漢語世界中滲透到吾人文化的各個面向。「氣」在漢語語境中，涵意甚多，可指物體三態之一，亦可泛指空氣，大氣；而自然界之現象可稱為天氣；在人身上，

人之呼吸與氣息有關，人的情緒或有脾氣或有喪氣，而人的才華表現出來有才氣有志氣；依中醫言有血氣；依命相言有運氣。於是乎，不可能僅限於特定的面向去解釋中國人的「氣」。

論到氣，橫渠先生說：「氣有陰陽，屈伸相感之無窮」〈乾稱篇〉，由此句可知，橫渠先生所言之氣，並不離《易》之陰陽，且由此陰陽兩端屈伸相感無窮來解氣。而《易》中「氣」的思想，早在晚周諸子中已然醞釀成形。[26]楊儒賓先生在論到張子「氣」之源頭時，也是如此追溯到其與《易》之關係，其語為：「天地萬物由氣組成，這是晚周儒道諸子的通義，張載明顯的取法於《易經》。依據這種本體宇宙論的解釋，一切的存在皆是『氣』之生成變化的結果。聚，則為物；散，復化為氣。」[27]顯然，張載之氣論與《易》〈尤其是繫辭傳〉有密切關係，這也符合〈太和篇〉中張子所說：「知虛空即氣，則有無、隱顯、神化、性命通一無二。顧聚散、出入、形不形，能推本所從來，則深於《易》者也。」所以，若要明白「什麼是氣」此一存有學問題，當推敲《易》與《正蒙》之內在義理。本來，一般而言，傳統儒家所言之氣，首先指的是從孟子處一脈而傳的志氣、

---

26 鑒於本文並非從事「氣之思想史」之研究，也就不從系譜角度重申氣概念之演變史。

27 楊儒賓：〈變化氣質、養氣與觀聖賢氣象〉，《漢學研究》19,1（2001, 6），頁105。

浩然之氣等等心理之氣的的解釋，但宋明理學家所言之宇宙之氣，已離開了此類心理之氣的談論，而輾轉進入到對宇宙之氣的關注。陳榮捷先生便指出，宋明思想家在言心理之氣處，與傳統儒家思想無甚分別，然而，若論宇宙之氣，「則在理學煥然一新，非淮南子等形氣說可比也。太極圖說與通書均言二氣。然此乃易經之陰陽二氣，非存在之本體也。」[28]唐君毅先生就說：

> 中國傳統思想從易經一系統下來之自然觀，都是以物之互相影響關係，為一感通而相攝之關係。但直到張橫渠，才更明白確切的指出此感通而涵攝之可能，本於氣之原有虛於內部；此氣之虛，即物與物互相感通涵攝之根據。[29]

　　在上一節的結論中，本文已然論證，「虛／氣」只是「本質」上的不同，但張子之「氣」，可以直截說為是唯物論嗎？正因為張載論氣之色彩過於顯著，故在二程處，早已批判張載之氣為形而下，而非形而上之道，程顥說：

---

28 陳榮捷：《宋明理學之概念與歷史》（台北：中央研究院中國文哲研究所，2004），頁 45。

29 唐君毅：《中國哲學原論・原道篇（卷一）》（台北：台灣學生，1978），頁 104。

> 形而上者謂之道，形而下者謂之器。若
> 如或者以清虛一大為天道，則乃以器言，而
> 非道也。《河南程氏遺書・卷二上》[30]

　　二程認為清虛一大只是形而下之器。朱熹便在相同
的立場上，批判張子之氣論：

> 　　《正蒙》說道體處，如「太和」、「太
> 虛」、「虛空」云者，止是說氣。說聚散處，
> 其流乃是個大輪迴。蓋其思慮考索所至，非
> 性分自然之知。……然使明道形容此理，必
> 不如此說。伊川所謂「橫渠之言誠有過者，
> 乃在《正蒙》」，「以清虛一大為萬物之源，
> 有未安」等語，概可見矣。《朱子語類・卷
> 九十九》

　　顯然，張載所言的「太和」、「太虛」、「虛空」
等，在朱子看來，只是氣，且萬有之化生都由氣之不斷
輪迴所成。因此，在朱子眼中，橫渠先生不折不扣是個
氣化論者。這跟隨著二程而來的詮釋，似乎排除了橫渠
先生思想體系中之形而上成分的存在。

---

30 二程亦說：「立清虛一大為萬物之源，恐未安，須兼清濁虛實乃可
　言神。道體物不遺，不應有方所」《河南程氏遺書・卷二上》

　　但張子之氣果真沒有形而上的色彩嗎？筆者並不認為。這一點，筆者將參考王開府先生之推論，來判讀「氣」究竟是形而下抑或形而上的。王先生乃以「象」與「形」、「器」之分來展開推論，他參照了以下《繫辭傳》中的數句談論：

> 見乃謂之象；形乃謂之器。
> 在天成象；在地成形。
> 法象莫大乎天地。
> 仰則觀象於天；俯則觀法於地。
> 成象之謂乾；爻〈效〉法之謂坤。

　　由這五個句子，可得出「象」與「形」在《繫辭傳》中各有其特定意義。「象」在天而「形」在地；乾成「象」而坤成「形」；而「形」又稱為「器」或「法」。那麼，根據《繫辭傳》：「形而上者謂之道；形而下者謂之器」，「象」「形」既然有別，則，《易》中之「象」究竟是「形而上」的還是「形而下」的？顯然這一點對理解橫渠思想中的「形而上」抑或「形而下」之意味有偌大的影響，王開府先生耙梳了《橫渠易說·繫辭下》中一段論「象」與「形」的關鍵句子：

> 有變則有象，如乾健坤順，有此氣則有
> 此象可得而言；若無則直無而已，謂之何而

可？是無可得名。故形而上者，得辭斯得象，
但於不形中得以措辭者，已是得象可狀也。
今雷風有動之象，須得天為健，雖未嘗見，
然而成象，故以天道言；及其法也，則是效
也，效著則是成形，成形則是地道也。若以
耳目所及求理，則安得盡！如言寂然、湛然，
亦須有此象。有氣方有象，雖未形，不害象
在其中。《橫渠易說・繫辭下》

〈乾稱篇〉中又說：

　　凡可狀，皆有也；凡有，皆象也；凡象，
皆氣也。

　　綜合這兩個句子，「象」可稱為是形而上的了。如
雷風有動之象，雖不可見，但得辭斯得象，故以天道言。
相反地，氣聚成形，可見之物便為形而下的了。王先生
認為，「有氣、有意、有象、有辭。如乾健、坤順，這
些都是抽象之象，所謂『意象』，屬於氣，卻不能視為
等同於今天所謂『物質』的。」[31]以上由《繫辭傳》與
《橫渠易說》而來的「象」「形」之考察，可讓吾人對

---

31 以上所改寫之論證，皆出自王開府：〈張橫渠氣論之詮釋 —— 爭議
　　與解決〉，《中國哲學論集》，（日本九州大學：中國哲學研究會
　　印行第 26 號，2000），頁 8-10。

於張載之氣有了更進一步的認識。這也符應了《橫渠易說》中的一段談論：

> 一陰一陽不可以形器构，故謂之道。乾坤成列而下，皆易之器⋯⋯形而上者是無形體者，故形而上者謂之道也；形而下者是有形體者，故形而下者謂之器。無形迹者即道也，如大德敦化是也；有形迂者即器也，見於事實即禮義是也。《橫渠易說·繫辭下》

此段引言並非以「象」「形」之分，而是以「道」、「器」之分，這當然也是根據著〈繫辭傳〉「形而上者謂之道，形而下者謂之器」的理路而來。即一陰一陽之氣乃無形體者，故為形而上之道也。

由此，吾人即可明確地推論，陰陽之氣，對張載而言，乃形上之道。

陳榮灼先生便說，牟宗三完全漠視了橫渠之氣的形而上之性格，他說：「無可置疑，唐牟二氏之工作刷新了我們對宋明儒學的理解，但可惜仍未能對橫渠和船山的『元氣論』作出諦釋。特別地，牟宗三先生完全漠視了橫渠和船山的「氣」一概念之「形而上」的性格。」[32]

張子之氣乃是形而上之氣，如此，顯然二程以來對

---

32 陳榮灼：《宋明理學之概念與歷史》，頁47。

張載思想之形而下的批判值得商榷。但吾人仍須考察所
謂屬於氣的「意象」，何以不是今日吾人所謂之「物質」，
這對於駁斥張子之氣論為西方式的唯物論至為關鍵。[33]

---

33 以下，釐清幾個關鍵詞相互的關係，如「形而上／形而下」與唯物
論的關係，是否形而下者皆是唯物論？氣有形而上的意味是甚麼意
思？形上學的唯氣論又是甚麼意思？
本文所說的唯物論定義已在註釋11、12處理過了。
至於「形而上／形而下」的定義，事涉中西哲學對這組詞語的認定。
在漢語哲學中，這組詞語起自易傳，而在西洋哲學中則起自於亞理
斯多德的《物理學後諸篇》。要清楚釐清中西雙方對這組詞語的定
義並非易事，在筆者的博士論文中，已有大略之對比與處理，見吳
懷晨：《論「開端」──張載《正蒙》與黑格爾《邏輯學》中「有」、
「無」論之對比》，政治大學哲學所博士論文，2007。在末學博士
論文的第六十二頁，筆者說：「關於中西思想對於『形上』『形下』
理解之差異，朱建民已經提及，見朱建民：《張載思想研究》，頁
29-30。而李明輝在朱先生論述之基礎上，更進一步說明在西方哲
學下，metaphysical 一詞的意義，其語為：「不過，筆者在此要特
別指出：蕺山與中國歷代學者所理解的『形上』、『形下』與現代
學者受到西方哲學影響後所理解的『形上』、『形下』不盡相同。
在現代漢語裡，『形上』一詞亦作為英文 metaphysical（或其他西
方語文中的對等字眼）之譯名。在西方哲學裡，metaphysical 的意
涵很明確，在知識論上意謂『超經驗』，在存有論上意謂『超自然』。
在這個脈絡中，『形上』與『形下』之區分等於『超經驗界』與『經
驗界』、『超自然界』與『自然界』之區分；兩者之間，涇渭分明，
不容混淆。因此，屬於『形上』者，便不可能又屬於『形下』；反
之亦然。朱建民曾對比於現代漢語裡受到西方影響的『形上』、『形
下』概念，詳細分析張載所理解的『形上』、『形下』。他歸結道：
張載所說的『形而下』即指『耳目所能及者』，其中包括氣聚而有
形者、以及氣聚為物者。他所說的『形而上』即指『耳目所不能及
者』，其中包括氣散而無形（此中有可象者，亦有不可象者），以
及不可象之神。不過，若以西方哲學所說的『形而下』來分別，則
氣之各種存在狀態，不論是『物』、『有形』、『無形』，都是本

七、唐君毅談「氣」

在上一節中，本文論證了氣的「象」「形」之分可證明氣之形上性格，而順此「象」「形」之分，可解讀〈神化篇〉中的一個句子：「所謂氣也者，非待其蒸鬱凝聚，接於目而後知之；苟健順、動止、浩然、湛然之得言，皆可名之象爾。」唐君毅先生將這個句子詮釋為：

> 　　則物之同異、屈伸、終始、動靜、浩然而充實、湛然若虛無，皆物之象也。此象之義，較形之義為寬，乃連形之動靜等而說象。然象必連形說，有象必有形，有形亦必有象，

質上可被經驗的。而只有神是本質上不可被經驗的『形而上者』。」李明輝，〈劉蕺山對朱子理氣論的批判〉，頁 3。」以一般哲學術語直言，形而下者多被視為物，故與唯物論有關。若論張載為唯物論，則是將張載所主張的氣視為形而下，而將張載視為唯物論者。而在筆者反駁張載為一形而下的唯物主義者後，主張橫渠哲學乃一形上學的唯氣論，基本的意見為：張橫渠所言之氣有其不可被經驗之面向，而符合以上李明輝　因此在本文的結論處，筆者說，張載的思想須以「以氣為本」或「一於氣」的立場加以解讀。並且，筆者正面肯定，當以傳統理學、道德心性論、道德創造之宇宙論……等理論架構去詮釋張載哲學。在強調了氣的形上性格與確認其非西方式的物質的前提後，可於宋明理學的架構下，重新思索且定位張載的形而上「氣論」哲學。

至於如何以傳統理學、道德心性論、道德創造之宇宙論……等理論架構去詮釋張載的形而上「氣論」哲學，本文並沒有進一步的論證。乃因本文的題目是：衡定張載之氣概念。而說明張載形而上氣論哲學的工作，當在將來的哲學論文中提出。

故義可相涵。依橫渠意，吾人即可由此種種
物象以知物，而物亦即表現此種種象者。離
種種象而物非物，則物之所以為物之概念，
乃依此種種象而立。便不可逕說橫渠之論是
唯物論。[34]

　　依唐先生之意，橫渠之「物」非「唯物論」，顯然
張載所謂的「物」，指的物象之形之動靜，即物不斷在
動靜兩端之中而呈現種種象，若離此兩端則無法斷言物
是什麼。即「氣」之「陰陽動靜屈伸虛實有無」，皆是
「物象」，物象不斷在兩端之中變動著，若呈現一形，
則為吾人可見所見之某某物，但此某某物並非便是橫渠
先生所言之物，因為橫渠先生之物不能離開兩端之變化
而言。或者，如若吾人遵照上一節《橫渠易說》中的分
析，則氣在陰陽動靜屈伸虛實有無之物象時，橫渠先生
稱之為形而上，但若吾人在「氣之陰陽動靜屈伸虛實有
無」變動之中，擷取一可見之「形」，此即為形而下，
而便可名之為物，但此物只是氣的其中一種情狀，或說，
在變動之中吾人擷取一「形」不改變的時段，而命名此
形為物，並以為此物為唯物論之物。然而，此形只是氣
之變化中某種吾人假定其停止的階段，然則，氣乃是不

---

34 唐君毅：《中國哲學原論・原教篇》（台北：台灣學生，1984），
　　頁86-87。

斷在生成與毀壞當中，即氣不斷在變當中。[35]

於是，唐先生說：「則不當更名之為物，而當名之氣之兼具虛實之義者。」與「物乃第二義以下之存在概念。唯此氣之流行為第一義之存在概念。」[36]即真實存有的乃是氣之兼具虛實者。氣不只是兼具虛實者，依以上，氣也是兼具陰陽者，兼具有無屈伸動靜者，即「兩不見，一不可立。」「氣之流行為第一義」，乃氣之真實意義。氣是一隨時變動，流行之一物。此乃見「隨時變化以從道」。氣之有虛實、陰陽、動靜、屈伸種種之象，不應說如西方言「物」或有其「本質」，或有其分子原子一樣。於是乎，儘管「太和」、「太虛」只是「氣」展現時之不同之情狀，但這並不能代表大陸學者可以唯物主義去詮釋橫渠思想。經由以上之論證，張子思想中

---

35 至於氣之變，氣之生成毀壞，橫渠先生依據《易》之思想而以「感」解釋。唐先生說：「即其實者可虛，而虛者亦可實。故其語錄謂『天地之道，無非以至虛為實』。常言物，乃自其定實而存在者而言。今謂此定實者非定實者，存在者亦是流行，則不當更名之為物，而當名之氣之兼具虛實之義者。此即橫渠之以虛氣，言物之所以為物，與其象之所以為象之故。」同前註，頁 87。或見：「在此聚合之際，能感者受所感者，居陰位而靜，其氣為陰。所感者往感彼能感者，而呈現其現象，則其神超越于所感者以自伸，而成其為一洋溢于所感者之上之高位之存在，則又為陽氣之動。所感者之自變化其原來存在，而自失其原來之存在，以入于能感者，而屈居其下位，以為有一定形象之所感，則又為陰之靜。合而言之，則可稱為一陰陽之氣之往來、動靜、施受，亦即『兼有神之依虛通而伸、與氣之自變化其實』之一神化之歷程。」同上註，頁 92。

36 同上註，頁 89。

的原初基質儘管是氣，但這樣的氣，乃是兼有虛實、陰陽、動靜、屈伸種種之象，而不應簡單以西方思想中的物質或唯物主義來論之。

八、張子論氣與亞里斯多德論物質因之比較[37]

那麼，於此本文進行更進一步的概念釐清，本文在此將比較張子之氣與西方「物質」概念之同異。此一部份之比較，僅只舉出亞理斯多德《物理學以後諸篇》中的文本為準。本文此處之對比僅以亞理斯多德《物理學以後諸篇》為例，[38]乃因在該書前兩篇中，亞理斯多德完整整理了先蘇哲學家之學說，並以著名的四因說加以討論。既有完整的文本摘錄，亦有哲學思想之品評，言簡意賅，限於本文並非要完整呈現先蘇思想家中氣的思想，故僅討論亞理斯多德《物理學以後諸篇》中物質因的想法。

---

37 亞里斯多德在它卷書如《物理學》中，亦有關於物質的若干談論。但筆者以亞理斯多德的物質因為對比，且引了《物理學以後諸篇》的前三書，乃因在該書中，亞氏以原因的學說總論了先蘇以來的哲學，並統整了先蘇哲學以來對於物質的討論，故該處之談論最為完備且有系統。

38 然而，一般而言，若吾人要討論先蘇哲學家關於氣之談論時，完整的討論須舉 H.Diels 的《先蘇斷簡》為主，因為該著作的整理最為完備。此外，筆者所能想到的文本還有黑格爾的《哲學史講演錄》，然而此書之考據未必能及 H.Diels 之大作，並且黑格爾之行文乃以其自身之哲學思想品評先蘇哲學家，故未採該書之整理。

　　眾所皆知，亞里斯多德在《物理學以後諸篇》一書
論到原因的學問時，整理出著名的四因說，而拉丁語表
述為：（一）causa formalis，（二）causa materialis，（三）
causa efficiens，（四）causa finalis。這一段談論主要出
於《物理學以後諸篇》第一卷第三章，其關鍵的文本為：

> 　　原因在四種意義上被述說，其一是指實
> 體，意指本質（因為這個為什麼最終可還原
> 為定義，而終極的為什麼即是一個原因和原
> 理）；另一意義是指質料或基質；第三個意
> 義是變化的來源；第四個意義是與此相對立
> 的原因，即目的與善（因為這是所有生成和
> 變化的目的）。[39]

---

[39] 此段翻譯乃出自陳康先生，見陳康：《陳康：論希臘哲學》，北京：
商務出版社，1990，頁 240。此處之希臘原文為：ta d' aitia legetai
tetrachôs, hôn mian men aitian phamen einai tên ousian kai to ti ên
einai anagetai gar to dia ti eis ton logon eschaton, aition de kai archê
to dia ti prôton, heteran de tên hulên kai to hupokeimenon, tritên de
hothen hê archê tês kinêseôs, tetartên de tên antikeimenên aitian tautêi,
to hou heneka kai tagathon telos gar geneseôs kai kinêseôs pasês tout'
estin. 而英文翻譯為：Now there are four recognized kinds of cause.
Of these we hold that one is the essence or essential nature of the thing
（since the "reason why" of a thing is ultimately reducible to its
formula, and the ultimate "reason why" is a cause and principle）；
another is the matter or substrate; the third is the source of motion; and
the fourth is the cause which is opposite to this, namely the purpose or
"good";for this is the end of every generative or motive process. 英譯
與希臘原文出自 Aristotle, *Metaphysics*, Loeb Classical Library:
Aristotle in 23 Volumes, Vols.17, translated by Hugh Tredennick.
（Cambridge, MA: Harvard University Press, 1933），pp. 16-7.

在這段論述中，我們看到四因原本所分別對應的文本是：

（一）causa formalis：其一是指實體，意指本質（因為這個為什麼最終可還原為定義，而終極的為什麼即是一個原因和原理）。

（二）causa materialis：另一意義是指質料或基質。

（三）causa efficiens：第三個意義是變化的來源。

（四）causa finalis：第四個意義是與此相對立的原因，即目的與善（因為這是所有生成和變化的目的）。

亞里斯多德主要是藉著談論先蘇哲學家來做出這四點原因的區分，而在四個原因中，我們關注的是第二個原因。即「亞理斯多德所說的第二類原因 —— 即物質和基體（matter and substrate）……；例如：塔利斯（Thales）以水做為萬有之始，而安斐都克列斯（Empedocles）以水、火、氣、土等四大物質（matter）做為萬有的基體（substrate）。」[40]在原文中，這個第二個原因寫為「另一意義是指質料或基質」（heteran de tên hulên kai to hupokeimenon）。在這個句子中，本文參考彭文林之譯文將 hulên 譯為物質，而將 hupokeimenon 譯為基體，英文版之翻譯為 matter 與 substrate。即，亞里斯多德用了兩個詞語去說明這第二個原因。若細究希臘文原意，

---

40 彭文林：〈論亞里斯多德的物質因與《尚書·洪範》的五行思想〉，《鵝湖學誌》12（1994, 6），頁 146。

hulên 與木材或森林有關，顯然亞氏是選擇了一個具體的材料的字眼去描述這第二個原因。而 hupokeimenon 原意為在下面的，即英文之 to lie under 或 beneath，而眾所皆知，hupokeimenon 與 substance 有關，而在後世的哲學中 substance 被翻譯為實體，而被理解為托子，即在下面支撐者。所以若吾人明瞭了第二個原因「另一意義是指質料或基質」（heteran de tên hulên kai to hupokeimenon）之原文本意，則第二個原因有兩層意義，一是形象上的木材義，一是支撐在下的意義。

　　以上對於這個「物質因」的談論，成了後世對於物質這個概念想法的主要來源。一般對於物質因的通俗解釋是，如桌子的物質因是木頭，車子的物質因是輪胎或金屬等等。而根據 Ross 的注釋，先蘇哲學家之認識還沒有達到亞里斯多德所謂的物質因。因為亞氏所謂的終極物質因（ultimate material cause），乃是全然未形的物質（matter entirely unformed）[41]（若根據四因說的闡釋，意指尚未獲得形式的物質）。Ross 認為，先蘇哲學家（除了 Anaximander 外），只是推論回到一種簡單的，但還尚未擁有明確形式之物質，對 Ross 而言，這些先蘇哲學家所思想的物質，只是在物質之本性之中的（of the nature of matter）。[42]值此之故，本文僅選擇亞里斯多德

---

41 William D Ross, *Aristotle's metaphysics*, Vol1（Oxford Clarendon Press, 1924），p.128.

42 *Ibid*, p.129.

《物理學後諸篇》以為討論文本,而不涉入先蘇斷簡中的記載,畢竟,所謂「物質因」的設定,乃是在亞氏之哲學中才開始成立。在先蘇哲學家中,同樣有人主張以「氣」(air)作為萬有的基體。那麼,中國思想中的「氣」是否等同於西方哲學中的「物質因」?這是本文必須釐清的重點。

九、物質因作為「初始」的三項意義

在論到物質因前,亞里斯多德先對物質因做了一總論性的談論,才一一說明各個先蘇哲學家對於物質因的解釋。亞里斯多德說:

> 先蘇哲學思考者之中,大部分認為:在物質諸相中之單一的,為一切之「初始」。一切萬有從之出,先由之而生,滅而中歸之,乃「已是」而恆留,然於感覺中變易,他們稱此為萬有之「基子」(element),及「初始」(principle),並且認為:此全然無生無滅,即其本性永遠留存。[43]

---

43 此段參考彭文林之譯文,見彭文林:〈論亞里斯多德的物質因與《尚書·洪範》的五行思想〉,頁 148。而此處之希臘原文為:tôn dê prôtôn philosophêsantôn hoi pleistoi tas en hulês eidei monas ôiêthêsan archas einai pantôn: ex hou gar estin hapanta ta onta kai ex hou gignetai prôtou kai eis ho phtheiretai teleutaion, tês men ousias hupomenousês tois de pathesi metaballousês, touto stoicheion kai tautên archên phasin einai tôn ontôn, kai dia touto oute gignesthai

　　在這段文本中，我們首先注意第一個句子中的 "en hulês eidei monas ôiêthêsan archas einai pantôn"，彭文林將之譯為「在物質諸相中之單一的，（為一切之『初始』」，而顯然與英文翻譯 "only of material principles as underlying all things" 有莫大的出入。彭文林之翻譯顯然較接近原文之句順，但吾人可以就文字間一一探究討論。首先，若論 "archas einai pantôn" 這一短句，筆者可將之譯為 it is（einai）principles（archas）of all（pantôn），與譯為「一切之初始」相近。重點是在於初始（archas）[44]這個字。archê這個字乃是一個耳熟能詳之哲學術語〈如，聖經約翰福音第一句「太初有道」之「太初」〉，英文翻譯常將之譯為 principle 或 beginning。

---

outhen oiontai oute apollusthai, hôs tês toiautês phuseôs aei sôzomenês. 而英文翻譯為：Most of the earliest philosophers conceived only of material principles as underlying all things. That of which all things consist, from which they first come and into which on their destruction they are ultimately resolved, of which the essence persists although modified by its affections--this, they say, is an element and principle of existing things. Hence they believe that nothing is either generated or destroyed, since this kind of primary entity always persists. 英譯與希臘原文出自 Aristotle, *Metaphysics*, pp.18-19.

44 Principle，彭文林教授譯為「初始」，而不譯作「太初」或「開始」，他的意見是「而根據《爾雅·釋詁第一》，譯作「初始」，其所指都是「始」，如：端點是線及路之「初始」，初蒙是學之「初始」，父母為子女之「初始」，元首為政之「初始」等等。」見彭文林：〈論亞里斯多德的物質因與《尚書·洪範》的五行思想〉，頁 156。

德國哲學家如黑格爾在論述這個字時，便是使用
prinzip，若不明究理，只是妄意猜測。英文版將 "archas
einai pantôn" 這一短句譯為 "underlying all things"，顯
然大誤。我們不僅看不到初始這個字的翻譯，此外，英
文譯者還徒增了 things 一詞，也只是畫蛇添足。中文的
「一切」與原文之 "pantôn"，顯然比英文之物（thing）
之意涵寬廣的多。

　　其次，"hulês eidei" 一詞，彭文林將之譯為「物質
諸相」，而英文翻譯為 "material principles"。eidei 由
eidos 而來，中文一般翻譯為理型（依柏拉圖之哲學）或
形式（依亞里斯多德之哲學）。而彭文林乃根據陳康先
生的意見將之翻譯為「相」。比較值得注意的是，亞里
斯多德在此將 "hulês" 與 "eidei" 連用。"hulês" 一詞
英文譯本於上文翻譯為 matter，而此處翻譯為 material；
另，值得商榷的是，"hulês eidei" 這個詞組中並沒有初
始一字，不知何以英文譯者翻譯為 material principles，
而完全忽略了 "eidei" 這個字。

　　在討論完初始這一段文本的翻譯優劣後，吾人可以
參考彭文林對這一段落的分析與結論。彭先生認為，提
出先蘇哲學中，物質作為「初始」有以下三項意義，這
三項意義分別是：

　　　　1.「初始」是單一的（monas）；2.「初
　　始」是萬有之不變動的部分。萬有含有變動

與不變動兩部分，「初始」乃其不變動的部
分，一切變動出乎初始，也歸於初始；3.「初
始」是基子（element）。[45]

十、物質因與四大

先蘇哲學家對於物質因的數目和本性有不同的談
論。而眾所皆知，塔利斯認為的物質因是水，因為水滋
養萬物，而萬物的種子皆為潮濕。或者有思想家如西帕
蘇斯（Hippasus）與赫拉克力圖斯（Heraclitus）認為初
始為火。而在《物理學以後諸篇》第一卷第三章中，論
到以「氣」為初始的思想家主要有三，分別是安那克西
梅內斯（Anaximenes）、狄歐給內斯（Diogenes）、與
安裴都克列斯。主要文本在於 984A：

> 安那克西梅內斯與狄歐給內斯認為「空
> 氣」乃單體之內，先於「水」之主張。而墨
> 達蓬梯的希巴索和愛菲斯的赫拉克利特說它
> 是火，「安裴都克列斯在前三種（水、氣及
> 火）之外加了土，以此四大為初始。」因為
> 他說，這些元素永遠保持而不是被產生出
> 來，只是它們變得多些或少些，即聚集為一
> 和從一分離出來。[46]

---

45 同上註，頁 149。
46 此處之希臘原文為：autou tês dianoias: Anaximenês de aera kai

　　很明顯可以看出，在水、火、氣之外，安裴都克列斯另加入了「土」，並以此合成四大，而萬有由此四大組合與分解而得。並且，安裴都克列斯的觀點符合將萬有分為兩個部分的想法，因為四大永遠留存，不增為多也不減為少，那麼，萬有之變動部分由此四大組成，四大分解或結合而構成了變動之萬有。

十一、比較之成果

　　在討論亞里斯多德《物理學後諸篇》書中物質因、初始、四大等處的文本後，那麼，吾人所關心的橫渠「氣」論的觀點，是否可以說成是四因說中的「物質因」呢？先由先蘇思想家方面來考量：

　　一、先蘇所謂的「初始」是單一的；那麼，由張子，天地乃「一」氣之流行。在這一點上，或許有相契合之處。

Diogenês proteron hudatos kai malist' archên titheasi tôn haplôn sômatôn, Hippasos de pur ho Metapontinos kai Hêrakleitos ho Ephesios, Empedoklês de ta tettara, pros tois eirêmenois gên prostitheis tetarton tauta gar aei diamenein kai ou gignesthai all' ê plêthei kai oligotêti, sunkrinomena kai diakrinomena eis hen te kai ex henos. 而英文翻譯為：Anaximenes and Diogenes held that air is prior to water, and is of all corporeal elements most truly the first principle. Hippasus of Metapontum and Heraclitus of Ephesus hold this of fire; and Empedocles --adding earth as a fourth to those already mentioned--takes all four. These, he says, always persist, and are only generated in respect of multitude and paucity, according as they are combined into unity or differentiated out of unity. 英譯與希臘原文出 Aristotle, *Metaphysics*, pp.20-21.

二、先蘇所謂的「初始」是「基子」。而《正蒙》中之山河大地亦為氣化所成。在這一點上也有相契合之處。

三、但先蘇思想家預設了，萬有含有「變動」與「不變動」兩部分，「初始」乃是萬有不變動的部分，一切變動出乎它，也復歸於它。在這一點上，吾人從未在中國人的氣論中發現這樣的思想。

（一）中國人的氣論從未分辨出一不變動的部分以為變動之部分之基礎。相反地，橫渠先生雖言至靜無感之太虛，但依靜極而動之觀照，至靜無感而後復動，則中國人預設之萬有無不在變動當中。

（二）中國人區分形而上與形而下，乃以「形」不「形」，可見不可見為區分；與先蘇哲學中便有之「變動」、「不變動」之區分可謂大異。

再由張子部分來考量：

（三）依橫渠，「氣」有「陰陽動靜屈伸虛實有無」等兩端，「物象」不斷在兩端之中變動著，若呈現一形，則為吾人可見所見之某某物。而此兩一之想法則顯然早在《易傳》中便隱含了，為一古老的想法。依橫渠，吾人若在「氣之陰陽動靜屈伸虛實有無」變動中擷取一可見之「形」，此即為形而下，而便可名之為物，但此物只是氣的其中一種情狀，或說，在變動之中吾人擷取一「形」不改變的時段，而命名此形為物。

1.然而，此形只是氣之變化中某種吾人假定其停止的階段。但，先蘇思想家乃是預設一不變動的部分以為

變動之物之初始。

2.唐君毅說：「唯此氣之流行為第一義之存在概念。」「氣之流行為第一義」，乃氣之真實意義。氣是一隨時變動，流行之一物。於是相對地，中國人論氣乃特重其流行義，此乃見「隨時變化以從道」。

綜合以上，吾人可以斷定，先蘇哲學家與自《繫辭傳》以來之思想家對「氣論」之考慮，可謂各有立場，各有千秋。尤其西方思想家設立一不變動之存有以作為其他存有之原因可謂其基本特色。那麼，經由本節的討論，本文論證了，橫渠之「氣」是什麼，並且證明了此氣並不能簡單說為亞里斯多德四因說中之物質因。

十二、總　結

由以上各節的論證，吾人可以斷言，張載的思想須以「以氣為本」或「一於氣」的立場加以解讀。這個解讀立場的確立，至少有兩點積極的意義。一、支持張載氣論為反唯物主義的思想家，如牟宗三先生等，太過於強調「清通而不可象為神」的這一個面向，而不願正視中國哲學中「氣」這一概念的形上性格，因為本文已經論證出「虛／氣」只是「本質」上的不同，故無須太過強求於太虛神體之類精神性的主體意識。二、但吾人亦必須注意，張子所論的一切存在都是氣，並非說萬有之氣都是物質性的，這和西方唯物主義者所主張的立場是不同的。因此，當本文主張以「一於氣」的立場去解讀

張載思想，而將之標舉為「氣論」、「氣化論」、或「氣本論」時，並不簡單地落入唯物主義／反唯物主義的窠臼。因為本文也已論證，「氣」並非如一西洋概念下的「物」，是最終與最後的基質或元素。

　　在本文的論證中，氣乃兼具虛實、陰陽、動靜、屈伸者，氣乃是不斷在生成與毀壞當中，氣是一隨時變動，流行之一物，此乃見「隨時變化以從道」。在亞理斯多德的物質因討論中，本文已說明了先蘇思想家所預設的萬有之「變動」與「不變動」兩部分，而氣之「初始」乃是萬有不變動的部分，一切變動出乎它，也復歸於它。但中國人的氣論從未分辨出一不變動的部分以為變動之部分之基礎。因此，氣不僅不能簡單說為是西方之物質概念，也必須強調其隨時變化以從道之論點。

　　那麼，在以上兩種立場中，本文仍認為，只要強調了氣的形上性格，第一種立場仍不失其立論價值；如此，本文仍舊正面肯定，當以傳統理學、道德心性論、道德創造之宇宙論……等理論架構去詮釋張載哲學。在強調氣的形上性格與確認其非西方式的物質的前提下，在宋明理學的架構下，重新思索與定位張載「氣論」哲學的價值，當是極有意義的哲學工作。

《老子》起源論的探討：

以黑格爾《邏輯學》為對照的比較論證

一、前　言

　　本文嘗試以一比較哲學的方式去探究《老子》的起源論[1]。以老子文本，《老子・第一章》《老子・第二章》《老子・第二十五章》《老子・第四十章》之間對於世界開端的起源論常有不融通互攝的解釋。如：有無的存有義、有無之間的「相生」「同出」關係、有無與「道」之間的關係？正因為在歷來的詮釋中，對以上幾點不能有融貫的詮釋，則，筆者將以黑格爾著作的《邏輯學》（Wissenschaft der Logik）為例，來試圖解讀有無之間的起源論關係。

1　「起源」論是本文選擇使用的一個詞語，亦可說為「世界起源論」或「宇宙開端論」。無論如何，「世界」、「宇宙」、「起源」、「開端」這幾個詞語都值得再深入探究解義之。如，「『世界』相應於現在的歐洲語言，即用於對譯『world』、『Welt』或『monde』、『mundus』而這些詞語所指涉的意義皆依據希臘人的『κόσμος』，特別是指涉『universe』和天體（Caelum）。」彭文林，〈原則的學說〉，頁 3。而「宇宙」亦有其現代物理學涵義或古代漢語的內涵。不論對於古希臘人或漢語世界，「『世界』如何起源」或「『宇宙』如何起源」這樣的表達術語都是太過於現代了。本文先暫且使用「起源」論。

　　在《邏輯學》卷首，黑格爾以「純粹的有」（das reine Sein）為其體系之開端。依黑格爾替「純粹的有」所定出的規定性，「純粹的有」是純粹的無規定性和空。由於「純粹的有」其規定性如此，它實際上就是無，故由之可推導出下一個範疇「純粹的無」（das reine Nichts）。黑格爾依此論證出「純粹的有」與「純粹的無」之同一，此兩概念同一，且以「變」為兩者的中介。

　　而在「純粹的有」的第四個注釋中，黑格爾討論「開端的不可理解」。在此注釋中，黑格爾從有無分離與否的討論，論證了：若有無分離，則此「有」、此「無」都不能產生開端，故從而沒有世界的開始。且此沒有開端的結論暗藏著變生成消滅的不可能。迦達瑪在詮釋這段文本時說：「過渡因此，是已然發生了。過渡總是完成了。純有與純無獨然地存在在過渡或轉換之自身，即變。」有與無不會有它們自己分開的獨立自存，而只有在這個第三者，在「變」中，它們才「是」。

　　因此，在「有無已然過渡」的詮釋基礎上，本文認為依此重新來反省有無「同出」與有無「相生」的意義。從而為老子起源論得到一嶄新的解釋模式。

二、世界起源論的談論

（一）起源論之分類

　　歷代的思想家，對於「開端」或「起源」之來由或

原因，皆有許多談論，以作為他們哲學思想與邏輯體系的出發點。這些談論可整理如下：[2]

　　A、無世界論（acosmism），故「開端」不存在。

　　B、這個世界存在。

　　若這個世界存在，則，

　　1.這個世界沒有任何的「開端」，即世界無始。

　　2.這個世界有「開端」，

2　「哲學本一西洋名詞。今欲講中國哲學史，其主要工作之一，即就中國歷史上各種學問中，將其可以西洋所謂哲學名之者，選出而敍述之。」那麼，若西方有一關於起源的討論，則在中國歷史的學問中，什麼是可以對應這起源的學說呢？彭文林曾考察過《古今圖書集成·乾象典》，列出漢語世界中討論開端的幾種說法：「
1.道（《老子道德經·象元篇》）
2.非色、非形、非數、非方之天天地地者（《關尹子·二柱篇》）
3.太易（未見氣）、太初（氣之始）、太始（形之始）、太素（質之始）（《列子·天瑞篇》）
4.有未始有夫未始有有無者（《淮南子·俶真訓》）
5.混沌一氣（《無能子·聖過篇》）
6.太虛（無形，氣之本體）（《張子正蒙·太和》）
7.陰陽之氣（《朱子全書》）、元氣、太極。」見彭文林，〈原則的學說〉，未刊稿，頁 8-9。
在本篇論文中，筆者主要考察了第六點，並且旁及了第一與第七點。而考察了這七點後，彭文林的結論是：「綜合以上的這些討論，或許可以從兩個方面來看待天地未生之前的原則，一個可稱之為『以道為本』的學說，另一個則是『以氣為本』的學說。然而無論是以道為本，或者以氣為本，道氣不二似乎是一個共同的特點。這特點並非先蘇以前的哲學家們所有，因為先蘇哲學家們分別了質料的原則和質料以外的知性原則或其他原則，而漢語世界的思想家們則或由道生萬物，或由氣生萬物，而將道之性情或者氣之分別作為解釋萬物之所以分殊的理由。」

　　2.1 若這個世界有「開端」，那麼，將此開始點設定為物質性的存在。

　　2.1.1 在物質性的談論中，哲學家常常就把這樣的「開端」稱之為原則（αρχη/Prinzip）。在哲學史上，原則的理解通常是客觀上的存在，如水、火、氣、土、原子、實體，單子等等。

　　2.2 若這個世界有「開端」，那麼，這個開始點被設定為精神似的存在。

　　2.2.1.這樣精神似的開始點在思想史上有以下的幾種說法；如中國人的天，西方思想中的上帝，思維，自我意識，直觀，或絕對精神等等。

　　2.3 若這個世界有「開端」，而這些「開端」類似中國人《易》之太極或道。

（二）　《老子》起源論

　　如若《老子》書中有起源論的思想。則，本文嘗試以一比較哲學的方式去探究《老子》中的起源論或開端論，以《老子》中的起源論和以上所言各家思想比較，並嘗試用黑格爾《邏輯學》最初的三個範疇和《老子》起源論相對比。

　　以《老子》而言，如若吾人認為，《老子》一書中含有起源論的思想。則，《老子》中對於世界開端的起源論常有不能融通互攝的解釋。這包含了以下幾點，如：

　　1.有、無是什麼？（有無的存有義）

2.有無之間的「相生」、「同出」關係？

3.「有生於無」該如何詮釋？

4.有無與「道」之間的關係？

5.「道生一、一生二、二生三、三生萬物」該如何
與有無論融通詮釋？

正因為在歷來的詮釋中，對於以上幾點不能有融貫
的詮釋，那麼筆者將以黑格爾的《邏輯學》為例，試圖
解讀有無之間的起源論關係。

（三）以《邏輯學》³為對照

---

3 為何選擇《邏輯學》作為對比的例子？一般而言，《邏輯學》被視
為是談論形上學的著作。其內容是研究純粹理念的科學，是純粹思
維的運動，或說思想的規定（Gedankenbestimmungen）就是邏輯的
形式本身。用黑格爾自己的話來說就是：「因此，邏輯要被作為純
粹理性的體系（das System der reinen Vernunft），作為純粹思想的
領域來理解。這個領域就是真理，正如真理本身是毫無蔽障，在己
與為己（an und für sich）所是。」這就是德國觀念論最極至的展現。
黑格爾把哲學提到純粹思維對自身的思想，若以神學的語言，就是
神觀其自身如此地顯現。因此，《邏輯學》不僅是一本形上學的著
作，其中，黑格爾式神學的立場也昭然若現。迦達瑪便支持黑格爾
《邏輯學》是一存有神學的談論，迦達瑪說：「於是這樣一個普遍
的邏輯 —— 當它闡釋了上帝在創世以前的理念 —— 便是可能的了。
於是，黑格爾之超越了自我意識諸主觀型態的精神概念便反歸了柏
拉圖和亞里斯多德傳統上的邏格斯 —— 知性（logos-nous）的形上學
了。」（Hans-Georg Gadamer（1976）:78.）如果吾人以神學的觀點
來看待黑格爾之思想體系，則，不僅邏輯概念是神〔或稱絕對精神〕
的展現，自然哲學、精神哲學亦是這至高精神的展現。因此，當本
文討論到「起源」或「開端」時，乃指著思想自身規定的最開端。
但歷來的討論中，亦有持《邏輯學》為非形上學的立場。其中可以

　　黑格爾在《邏輯學》中談到「有無分離」的議題。《邏輯學》該書開頭，黑格爾提出「純粹的有」與「純粹的無」兩概念以作為邏輯運動的開端，「純粹的有」因其本身沒有任何的規定性，因此就是「純粹的無」，此兩概念同一，且以「變」為兩者的中介。

　　而在「純粹的有」的第四個注釋中，黑格爾討論「開端的不可理解」。在此注釋中，黑格爾從有無分離與否的討論，論證了：若有無分離，則此「有」、此「無」都不能產生開端，故從而沒有世界的開始。且此沒有開端的結論暗藏著變生成消滅的不可能。

Findlay、Pinkard、Hartnmann、或 Pippin 等為代表人物，或者將這些學者的立場稱之為非形上學式的範疇理論解讀。筆者僅以 Pippin 為代表，簡述他對《邏輯學》之解讀。Pippin 在其著作《黑格爾的觀念論》中，對黑格爾思想持一「觀念論」的看法。Pippin 所謂之觀念，乃指非形上的，後康德式的獨特之範疇分析，他認為黑格爾《邏輯學》的範疇演變，不是演繹上的關係（entailment relations），也不大是傳統的形式邏輯。Pippin 說：「簡單而言，我建議把黑格爾早期著作中所告訴我們的那段話認真對待，正是康德的先驗演繹的論證首次接近它最終所創立的思辯的同一理論，並使之成為可能，而且在一部後期著作中他又說，他自己的總念的理論，以及總念與實在之間的關係，或是它的整個哲學的基本立場，都應該被理解為康德的一個關鍵主題即『統覺的先驗統一』的一種直接變形。……正如黑格爾告訴我們的，這一論題就是統覺的主題：康德主張所有可能的人類經驗都有一種『自意識的』，最終是『自發的』自我意識的性格。」Robert B Pippin, *Hegel's idealism : The Satisfactions of Self-Consciousness*（New York : Cambridge University Press, 1989），p.6.
筆者所支持的乃存有神學式的立場，但關於《邏輯學》為形上學或非形上學之爭議，必須留待他文再討論。

　　迦達瑪在詮釋這段文本時說：「過渡因此，是已然發生了。過渡總是完成了。純有與純無獨然地存在在過渡或轉換之自身，即變。」有與無不會有它們自己分開的獨立自存，而只有在這個第三者，在「變」中，它們才「是」。

　　因此，在「有無已然過渡」的詮釋基礎上，本文認為依此重新來反省有無「同出」與有無「相生」的意義。從而為老子起源論得到一嶄新的解釋模式。

三、《老子》中的有無論

（一）《老子》書中與「開端」、「有無論」相關的文本

　　如若吾人認為，《老子》一書中含有起源論的思想，而非無世界論。那麼《老子・第一章》及《老子・第四十章》、《老子・第二章》、《老子・第二十五章》、《老子・第四十二章》常被認為與起源論或開端相涉，並且這些文本中也蘊含了「有、無」論、「道」論該如何解釋的問題。

　　以下，先列出這五段《老子》書中與「開端」、「有無論」相關的幾處文本：

　　　　「道可道，非常道，名可名，非常名，

　　　無名，天地之始，有名，萬物之母，故常無，

欲以觀其妙，常有，欲以觀其徼，此兩者同出而異名，同謂之玄，玄之又玄，眾妙之門。」《老子・第一章》

「天下皆知美之為美，斯惡已。皆知善之為善，斯不善已。有無相生，難易相成，長短相形，高下相盈，音聲相和，前後相隨。」《老子・第二章》

「有物混成，先天地生。寂兮寥兮，獨立而不改，周行而不殆，可以為天地母。吾不知其名，強字之曰道，強為之名曰大。大曰逝，逝曰遠，遠曰反。」《老子・第二十五章》

「反者道之動；弱者道之用。天下萬物生於有，有生於無。」《老子・第四十章》

「道生一，一生二，二生三，三生萬物。」《老子・第四十二章》

如若比較以上五段著名的文本，那麼，從 a.「有生於無」、b.「有物混成，先天地生……可以為天下母，強字之曰道」、c.「無名天地之始，有名萬物之母」、

d.「有無相生」，可以產生幾點疑問：

　　1.由 a.d.，天地之始究竟是「無」還是「有無相生」？

　　2.由 a.b.，天地之始究竟是「無」還是「道」？吾人是否可以將「道」等同於「無」？

　　3.道是什麼？「道」乃有「物」混成，則此道之無已是「某物」了？

　　1.本文，先試著參照王弼的注解，來解讀傳世的文本，見是否可能找出融貫的詮釋。

　　「道可道，非常道。名可名，非常名」一句，王弼注為：「可道之道，可名之名，指事造形，非其常也。故不可道，不可名也。」[4]依照以下之旁引 —— 許慎《說文解字》：「指事者，視而可識，察而見意，上下是也。」與《周易・繫辭》：「在天成象，在地成形。」韓康伯注：「象況日月星辰，形況山川草木也。」則，將王弼之「造形指事」解釋為「可識可見有形象之具體事物。」的話，那麼，王弼對《老子》的理解，則是將未可道，未可名的存有者解釋為未成形、未可見的萬有。於是依王弼，道就是未成形、未可見的存有。王弼說：「故未形無名之時，則為萬物之始。」「言道以無形無名始成萬物。」[5]

　　而「無名天地之始，有名萬物之母」一句，王弼注：「凡有皆始於無，故未形無名之時，則為萬物之始。及

4　〔晉〕王弼著，樓宇烈校釋：《老子周易王弼注校釋》，頁 1。
5　同上註，頁 1。

其有形有名之時，則長之、育之、亭之、毒之，為其母也。言道以無形無名始成萬物，萬物以始以成而不知其所以然，玄之又玄也。」[6]

故對王弼而言，「無」是指「未形無名」，「有」則是「有形有名」。有無之分，在於王弼，乃指有形／無形、有名／無名之別。在王弼理解的《老子》思想裡，「無」並非是絕對的空無或虛無，即非柏拉圖《巴曼尼德斯篇》中所理解的「絕對的不是」，而只能說成是「相對的不是」。

2.「道生一。」王弼：「萬物萬形，其歸一也。何由致一？由於無也。由無乃一，一可謂無。」[7]因此，「道生一」、「一可謂無」，在這個脈絡的解釋下，可說「道生無」；即道的存有順序先於無。

但吾人若參考王弼其餘的談論：「故未形無名之時，則為萬物之始。」「言道以無形無名始成萬物。」與二十五章注：「混然不可得而知，而萬物由之以成，故曰混成。……名以定形，混成無形，不可得而定，故曰不知其名也。」[8]由這邊的談論可知，天地之始因為未形，故無法以名定，這呼應了第一章「名可名，非常名」，

---

6 同上註，頁 1。

7 同上註，頁 117。

8 同上註，頁 63。也可參考三十二章：「道，無形不繫，常不可名。以無名為常，故曰道常無名也。」「道常無名樸。雖小，天下莫能臣。侯王若能守之，萬物將自賓。」〈三十二章〉或四十一章：「道隱無名。」

也即是第一章「未形無名」之「無」；並且，因為此天地之始混成無形，不知其名，強為之名曰道。故，在此脈絡解釋下，「道」即是「無」。[9]

3.「天下萬物生於有，有生於無」兩句，王弼注為：「天下之物，皆以有為生。有之所始，以無為本。將欲全有，必反於無也。」[10]依有之所始，以無為本；可知王弼認為天地以「無」為始。

4.綜合王弼之意見，那麼，道即是有物混然。道即是無。若道是無，則無是有物混然，有乃是有物有形。如此，回答了《老子》「有」、「無」、「道」是什麼的問題。[11]

如此，則天下萬物之「開端」乃有物混然之「無」、之「道」，由先天地生之「無」、之「道」而生一生二生萬物天地。

9　故《老子》第十四章說：「是謂無狀之狀，無物之象，是謂惚恍。」或二十一章「道之為物，惟恍惟惚。惚兮恍兮，其中有象；恍兮惚兮，其中有物。」此為「有物混成，先天地生。……吾不知其名，強字之曰道。」

10　同上註，頁110。

11　彭文林的意見是：「「道」當然既不是上述希臘人的質料，也不是所謂的知性。老子視之為一物（有物混成，先天地生），而能夠生一、生二、生三、生萬物，獨立而不改，周行而不殆，甚至是「無」（天地萬物生於有，有生於無）。如果從上述對先蘇哲學家們的原則區分看來，道是萬物變化的原理，那麼，似乎不應該包含質料的原則，而在老子對於「道」的描述裡，質料原則從「道」而出──這對老子似乎並不是一個很困難的問題，因為「道」作為先天地生之物，只是一個渾淪而已。」見彭文林：〈原則的學說〉，頁9。

（二）「有無相生」之義理？

　　然而，困難的是加入第二段文本的意見。若「有無相生」，則與上段中之結論「有生於無」有其內在義理之相駁。然而，吾人究竟該如何理解此「有無相生」呢？

　　1.「有無相生」究竟是「有無同一」、「有無混一」、還是「有無循環而生」呢？吾人或許可以理解為：（1）天地萬物由「有／無」而生，或（2）天地萬物由有生無，由無生有；即，有→無→有→無→有→無→……。

　　在（1）的解釋中，則天地萬物由「有／無」而生。此一立場類似康德《第一批判》中〈先驗辯證論〉的第一組二律背反的主張。在該書 "Das Problem der Welt, Fehlschlüss der rationalen Kosmologie" 一節中，康德談論的是，在理性越過經驗限度去尋求現象世界之一切條件的絕對總體性之無條件者時，在第一組理念上會得到一矛盾對立皆能證明之主張，即：

　　a.世界在時空上皆有一起點。〈以《老子》的語言，則為有中生有〉

　　b.世界在時空上皆無一起點。〈以《老子》的語言，則為無中生有〉

　　那麼，吾人若支持（1）之結論，則天地萬物由「有／無」而生。吾人便可說，由《老子》第二章「有無相生」可得之宇宙論上二律背反之主張。

　　或者吾人支持（2）之主張。但（2）之主張又可以

區分為二。a.當吾人說天地萬物在有→無→有→無→有
→無→⋯⋯之間變動時，這樣「相生」之觀點彷彿是在
談生成與毀壞，即萬有不斷在變化之中而沒有間斷。吾
人又可以持接近太極圖說的立場去分解「有無相生」，
有跟無是交替變化的，在有中可見無，在無中可見有，
當有漸漸消逝時，即無漸漸地增長，相反亦是。b.「有
無相生」為一宇宙循環論的立場，即天地萬物由無而生，
爾後又復歸於無，然而無又增長為有，天地造化則如此
交替循環。

　　2.吾人必須注意，在以上的解釋中，「有無相生」
都是一種宇宙論的詮釋路線，即《老子》在第二章的談
論中是對萬有或世界之太初做出一開端的斷言。然而，
若吾人重新檢討《老子・第二章》的文本：「天下皆知
美之爲美，斯惡已。皆知善之爲善，斯不善已。有無相
生，難易相成，長短相形，高下相盈，音聲相和，前後
相隨。」顯然，「有無」「難易」「長短」「高下」「前
後」是一組組相對的詞彙，為的是說明若無高，則無下；
若無難，則無易；若無前，則無所謂後⋯⋯。「有無」
在此等意義下，則也該解釋為，若無有，則無無。如此
才能呼應此章之首「美／惡」「善／不善」的討論。於
是《老子・第二章》的意思是在說，對事件的狀態做出
語言性的描述時，總是要落在一相對的概念詞組中去劃
定界線；表面上看來，「美」「惡」「善」「不善」皆
有其獨立絕對的真理意義，但在《老子》的思想中，「美」

「善」若無其對應的「惡」與「不善」，則吾人亦無以判定「美」「善」之基準。

（三）小　結

經由上文，本文可以得出《老子》起源論的幾種可能性。

1.在第一種情況，藉由第一、第三、第四、第五段文本所得出的結論是，天下萬物之「開端」乃有物混然之「無」、之「道」。在此情況下，《老子》之無乃是有物混然之有。此乃由王弼的註釋而得的結果。

2.第二種情況，天地萬物由「有／無」而生。此一立場接近於康德《第一批判》中〈先驗辯證論〉的第一組二律背反的主張。即：a.世界在時空上皆有一起點。〈以《老子》的語言，則為有中生有〉b.世界在時空上皆無一起點。〈以《老子》的語言，則為無中生有〉。那麼，老子第二章「有無相生」為宇宙論上二律背反之主張。在此情況下，《老子》對於開端之主張亦非「有生於無」而已。

3.在第三種情況中，天地萬物為「有無相生」，此觀點彷彿是在談生成與毀壞，即萬有不斷在變化之中而沒有間斷。或「有無相生」為一宇宙循環論的立場，即天地萬物由無而生，爾後又復歸於無，如此交替循環。在這第三種觀點中，吾人才可以說，《老子》對於開端之主張是「有生於無」。

4.在第四種情況中，「有無相生」與宇宙論之開端無涉。「有無相生」是在說明，對事件的狀態做出語言性的描述時，總是要落在一相對的概念詞組中去劃定界線。「有」若無其對應的「無」，則吾人亦無以判定「有」之基準。在這第四種情況下，「有無相生」並非在說明宇宙論的「有生於無」。

四、黑格爾《邏輯學》的開端

黑格爾《邏輯學》是否是關於「世界」起源論的談論？《邏輯學》有無變第一組範疇第四個註釋標題為「開端的不可理解（Unbegreifliche）」，在此註釋中，黑格爾從有無分離與否的討論，論證了：若有無分離，則此「有」、此「無」都不能產生開端，故從而沒有世界的開始。黑格爾的論證分為兩組，前提都是「有」、「無」分離。第一組論證為：若「有」、「無」分離，不論是有（ist），還是沒有（nicht ist），都不可能有開端。第二組論證則為：假設世界已經開始了（angefangen haben），那麼它就必須從「無」開端，但「無」怎麼能作為一個開端呢？如果吾人仔細閱讀黑格爾的文字，不論在第一組或第二組論證中，黑格爾談論的都是「世界的開端（Anfang der Welt）」。以下舉第二組論證中的文字為例：

「假如世界或某物應有開端，那麼它就

> 須於無中開端，但在無中或者無都不是開
> 端；因為開端就已就包含著有，而無卻不包
> 含有。」[12]

　　黑格爾的「世界（der Welt）」指的是什麼？是時
間空間的總集，希臘思想中和諧的世界，抑或變動不拘
的世界？基於邏輯學範疇推衍的順序，《邏輯學》由最
純粹的範疇「有」出發，從而層層增加「範疇」的規定
性。僅就純粹的範疇而言，黑格爾似乎只在討論概念的
內容而已；如他討論純有的規定性，純無的規定性，一
個範疇接續下一個範疇，由質進展到量，由量進入到尺
度。《邏輯學》的內容似乎僅止於範疇的規定性（即範
疇的定義、內容）。

　　然而，筆者並不同意《邏輯學》只是展現範疇表的
推論順序。僅就《邏輯學》〈存有論〉「有」、「無」、
「變」而言，在第一個註釋中，黑格爾就相應談論了哲
學史上論述了「有」、「無」、「變」的哲學家如巴曼
尼得斯、赫拉克力圖斯等。而在此處的第四個註釋中，
黑格爾就由第四個註釋去相應談論「世界的開端（Anfang
der Welt）」與邏輯學正文中「有」、「無」之關係。

12　原文的邏輯次序非常精確。"Wenn die Welt oder Etwas angefangen
haben sollte, so hätte sie im Nichts angefangen, aber im Nichts oder
das Nichts ist nicht Anfang; denn Anfang schließt ein Sein in sich,
aber das Nichts enthält kein Sein."

由此，筆者認為，文本已自我申論，《邏輯學》〈存有論〉「有」、「無」、「變」在某些面向上是關於「世界開端（Anfang der Welt）」的學說〈黑格爾的邏輯學不只是純粹思維的自身演變，同樣也對應著哲學史的演變，而在本論文中，筆者僅要討論其中對應的論世界開端的談論〉。在《邏輯學》〈存有論〉「有」、「無」、「變」的正文處，黑格爾從未提及「世界」一詞。原因在於，開端當由最貧乏的範疇出發，黑格爾不能越過範疇之規定性去談世界是如何如何，因為這樣會違反範疇之邏輯性；故黑格爾多在註釋當中，離開範疇之間的推論，而去談與有無變相應之思想企圖。

五、《邏輯學》最開端的三個範疇

以下，本文一一討論《邏輯學》最開端的三個範疇。

（一）純有（Pure Being/reine Sein）

對於純有，黑格爾的規定是：

1.「它（純粹的有）是純粹的無規定性和空（It is pure indeterminateness and emptiness/ Es ist die reine Unbestimmtheit und Leere）。」

2.在純有裡面沒有可直觀的……或者它僅是純粹的，空的直觀自身。……或者它就僅是這空的思想。

3.「存有，這無規定之無中介的，實際上就是無，並且比無不多也不少（Das Sein, das unbestimmte

Unmittelbare, ist in der Tat Nichts, und nicht mehr noch weniger als Nichts）。」

（二）純無（Pure Nothing/reine Nichts）

對於純無（Pure Nothing/reine Nichts），黑格爾的規定是[13]：

1.純粹的無，它單純地與自身等同（Gleichheit），全然的空（vollkommene Leerheit），無規定性且無內容。

2.無就是〈存在〉在吾人的直觀或思想之中；（so ist（existiert）Nichts in unserem Anschauen oder Denken），或者它更多是空的直觀跟思想自身。

3.如純粹的有一樣 —— 無因此是，同樣的規定性，或更多是無規定性（Bestimmungslosigkeit）。因此自身就和純粹的有同一，因為分析了純無的意義後，則它也只是他自身，故它是純粹的。[14]

---

13 張柯圳說：「1817 年海德堡時代的《哲學百科全書》中，『有』乃康德所理解的傳統神學概念『神是一切實在的總體』一命題中所預設的存有學概念；而『無』則為『物自體』（das Ding-an-sich）一概念所含有，因為『物自體』為完全不確定、無形式、無內容的事物。」張科圳：《黑格爾《邏輯學・有論》研究》（台北：行政院國家科學委員會，1997），頁 3-4。

14 黑格爾曾用絕對的黑暗與絕對的光明來比喻純有與純無。因為在絕對的黑暗與絕對的光明之間，都是完全的黑暗，什麼都看不到。因此，絕對的黑暗就等同於絕對的光明，兩者同一。而只有在陰翳的光明和被照耀的黑暗中，才有可被分別的對象可言，此即黑格爾所謂的規定了的有，即此有（Dasein）。

　　因此，「無」並不是日常意義的「沒有」，如「沒有人在那個房間裡」，指的是「人」這個存有不在那個房間裡，或那個房間缺乏了人這個存有；「沒有」人或「無」人在這個日常語言句子中指的都不是絕對的空無。此處的「純無」全然不是這個意思。或者黑格爾說，可以就稱「純無」為「不」（Nicht）。Houlgate 說，黑格爾之無是絕對的無「無空間，無時間，無『在場』（presence），無規定性，無『物』（things），無存有然且為純粹與確切的不（not）。」[15]〔你甚至不能說無，這點在《哲學史講演錄》中也已說到，黑格爾說：「在「無」被思維、被言說中，它就轉變自己實際上成為某物。如果我們要思維「無」與言說「無」，則我們就言說了某物，思維某物。」〕[16]

　　另外，如果純有跟純無都缺乏規定性，純有跟純無因此是同一的，但純有跟純無又是絕對有別的；在純有跟純無都缺乏規定性的前提下，吾人如何能說純有與純無是有別的呢？

　　Findlay 指出，黑格爾是用意圖（intention/meinen）這個概念去指出二者之別。「我們意圖著純有與純無是有別的，我們覺得它們應該是有別的，然而我們卻不能夠使此二者分離。」（We intend Being and Nothing to be

---

15 Stephen Houlgate, *The Opening of Hegel's Logic: From Being to Infinity*（Indiana: Purdue University Press, 2006），p.269.

16 轉引自 *Ibid*, p.287-8.

distinct, we feel they should be distinct, and yet we are unable to keep them apart）即，吾人意圖（intend）出此兩個概念是有差異的，那我們又說不出是什麼構成了此二者之差異，這就遇到了衝突，而此衝突需要解決。這即是變。[17]

（三）　變[18]

1.變是存有與無的合一

黑格爾說：「純粹的有與純粹的無是同一的。真理即是，並非是有，亦並非是無，反倒是有過渡到無去，及無過渡到有去 —— 不是過渡 —— 而是已然過渡。」

2.變的環節：生成（Entstehen）與毀壞（Vergehen）

黑格爾說，變顯示出有與無的不可分離性。首先，在變動之中有與無的統一，是被限定的統一；並在此統一中，有與無兩者皆「是」（存有）。但有與無就他們彼此不分離來看，每一個都不是（不存有）（Aber indem Sein und Nichts jades ungetrennt von seinem Anderen ist, ist es nicht）。[19]所以他們在統一中，只是作為消逝與揚棄的環節（vanishing and sublated moments）。[20]

所以，黑格爾說，變因此包含著有與無當作兩個這

---

17 *Ibid*, p.156.
18 所翻譯「變」之《邏輯學》正文出自於 WL.: 67.
19 *WL.*:112.
20 大部分的中文詮釋者都忽略了這裡環節作為複數的用法。

樣的環節，每一個環節在它自身中都是有與無的統一：
一個環節是有作為直接性且作為與無有關聯；一個環節
是無作為直接性且作為與有有關聯。

〈1〉在其中一個環節中，無是直接的，規定從它開
始，而關聯到（bezieht）有，或過渡（übergeht/change）
為有。

〈2〉另一個環節，有是直接的，規定從它開始，而
關聯到無，或過渡為無。

〈3〉因此，黑格爾說，變在這種方式裡，是一個雙
重的（double）規定。而前者就稱為生成（Entstehen/
coming-to-be），後者稱為消失（Vergehen/ ceasing-to-be）。

〈4〉生成與消失是一樣的，兩者都叫做變。

〈5〉這兩者不是交換性地揚棄，如生→滅→生→
滅……。而是在自己裡面揚棄自己。而是在自身中就是
自己的對立。

六、「純有」、「純無」、「變」的變動次序之後思

在論述完「純有」、「純無」、「變」的哲學意涵
後，本文將要對此三範疇的變動次序做進一步之後思；
因為吾人常常可以在不同的論述中，讀到許多學者對這
三個範疇輕率的談論，而忽略了黑格爾邏輯上對範疇之
嚴謹推論。以下，以下討論將分成三個步驟。

第一的步驟為分離問題的討論。黑格爾在「有」、
「無」、「變」第四個註釋處，以「有」、「無」分離

或不分離的討論檢討了開端的真理。顯然，黑格爾「有」、「無」分離與否的討論乃是對應著思想史上關於「有」、「無」開端學說的檢討，並且是對其《邏輯學》正文處有無同一的改寫。

　　第二步驟將是本文的論證重心，在第二步驟中，本文先將就著迦達瑪的文本，釐清純有、純無、變之間的邏輯推衍順序，以便得出黑格爾《邏輯學》「開端」處「純有」、「純無」、「變」三個範疇之變動次序。本文在此藉由迦達瑪的分析，所得出的結論是純有與純無之間乃是「已然過渡」，而此已然過渡即是「變」。

　　故，本文於此節處則後思「純有」、「純無」、「變」此三概念之邏輯次序，由之，得出黑格爾《邏輯學》論「開端」之真理。

七、分離問題的討論
（黑格爾第四個 Anmerkung 的文本）

（一）第四個註釋（Anmerkung）：開端的不可理解（Unbegreifliche）

　　黑格爾在第四個 Anmerkung 是這麼說的：「證明著依下列的方式，世界的開端或某物的開端都不可能：這是不可能開端的，無論某物是，還是某物不是。因為若某物是，它便不是開端了；如果某物不是，它也還沒開端。── 假如世界或某物應有開端，那麼它就須於無中

開端，但在無中或者無都不是開端；因為開端就已就包含著有，而無卻不包含有。無只是無。在根據、在原因等等之中，如果無是規定了的，這就是一種肯定，包含了有。── 以同樣的理由，某物也不能有終結。因為如果這樣，則有必定包含著無；但有只是有，並非自身的對立物。……預設了有與無絕對割裂〈分離〉的前提，吾人便常常聽到說開端與變總是某種不可思議的某物；因為人們以揚棄開端或變為前提，爾後又承認開端或變，自陷於矛盾，並使其解決不可能，這種矛盾就叫做不可思議。」

第四個注釋的標題為「開端的不可理解（Unbegreifliche）」，在此注釋中，黑格爾從有無分離與否的討論，論證了：若有無分離，則此「有」、此「無」都不能產生開端，故從而沒有世界的開始。且此沒有開端的結論暗藏著變生成消滅的不可能。以下，本文將詳細論證黑格爾的命題，並以此有無分離與否的談論來檢討《邏輯學》開端中「純粹的有」、「純粹的無」之規定意義之所在。

（二）有無分離的討論

世界無開端，無終結，物質恆在（die Ewigkeit der Materie），這種辯證法反對變、生成、與毀壞（der Dialektik gegen das Werden, Entstehen oder Vergehen überhaupt）。

這樣平庸的、簡單的辯證把有、無設為對立。在這

樣的方式下，世界的開端，或任何東西的開端，都是不可能的。

　　黑格爾的這段文本中，其實有幾點預設隱含其中。這段論述的預設是：1.可以設想「有」，而不能設想「無」。因為物質恆在，恆有（是）；而，若不能設想「無」，則導致「變」、「生成」、「毀壞」的不可能。2.「有」、「無」是分離的，但此「有」、「無」分離是在可設想「有」而不能設想「無」的情況下。

　　以下，黑格爾開始了他的論證：

　　1.第一組論證：不論是是（ist），還是不是（nicht ist），都不可能有開始。只要是是的話〈注意這裡的文法，此為現在式，意思指是與正是〉，那麼此是就不是開端了。既然它是了，它就不是一個開始點了。若為不是的話，那麼它就不會開始了。不是的怎麼能作為是而成為開始呢？（Es kann nichts anfangen, weder insofern etwas ist, noch insofern es nicht ist; denn insofern es ist, fängt es nicht erst an; insofern es aber nicht ist, fängt es auch nicht an）

　　在第一組論證中，有一個暗藏的預設，即，黑格爾還沒有設定物質恆在。因為要是設立物質恆在的話，就不會假設不是了。因此，第一組論證的前提只有有無分離。並且，在這種前提下，我們得出的只有「沒有開端」這個結論，而不是物質恆在。

　　2.第二組論證：

（1）或者假設世界已經開始了（angefangen haben），那麼它就必須從「無」開始，但「無」怎麼能作為一個開始呢？「無」只是「無」，「無」中沒有「有」。開端一定要有「有」。

在第二組論證中，我們看到的前提是：物質恆在與「有」、「無」分離，可設想「有」而不能設想「無」。

（2）同理，假設世界已經開始了（angefangen haben），也不能有毀壞。因為若能夠毀壞，那麼，「有」中就包含「無」了。但有只是有，而不是它自己的對立。

於是，（1）（2）的結論便是，沒有開端，沒有終結。

於是黑格爾說，這些情況下，我們看到反對變，反對開端，反對毀壞，反對有與無的統一；而斷言有跟無的分離，以及有與無各自是真理。

3.對於以上兩段論證，筆者可將黑格爾的討論改寫如下：

（1）前提：有無對立分離〈黑格爾語境中，此一「分離」的意思是，預設著「無」乃不可思想的[21]〉。則結論為：沒有開端。

論證過程如下：

（a）不論是「是（有）」（ist），還是「不是（無）」（nicht ist），都沒有開端。推論如下：

---

21 分離問題，始自柏拉圖《巴曼尼德斯》一篇。此一「『無』乃不可思想的」，依陳康先生的注解，乃是「絕對的不『是』」。

> 若「是（有）」（這裡的文法為現在式，
> 意思指「是」與「正是」），那麼，此「是
> （有）」就不是開端了。既然它是了，它就
> 不是一個開始點。

　　另外，若「不是（無）」的話，那麼它就不會開始
了。「不是（無）」的怎麼能作為是而成為開始呢？

　　（b）如或假設，世界已經開始了（angefangen
haben），那麼它就必須從無中開始。但無怎麼能作為一
個開始呢？無只是無，無中沒有「有」。開端一定要是
「有」。

　　（c）因此，黑格爾的結論是，若有無分離，則從此
「有」、此「無」都不能產生開端，故從沒有世界的開
始。且此沒有開端的結論暗藏著變生成消滅的不可能。

　　（2）前提：有無分離。結論：沒有終點。

　　（a）若有，也不能有消滅。因為物若能夠 cease to
be，那麼，有中就包含無了。但有只是有，而不是它自
己的對立。

　　（b）若無，則無就是無，沒有終點的探討可能。

　　（3）因此，黑格爾的結論是，若有無分離，不論從
「有」還是從「無」都不能推衍出世界之生成；則：世
界無開端，無終結，反對變、生成、與消滅。並且暗藏
著物質恆在的思想。

（三）「有無並不分離」與「有無同一」

在《邏輯學》「純有、純無」這一節的文本中，吾人已經認識了，經由對「純有」與「純無」之規定性之討論，黑格爾論證出「純有」與「純無」的同一。

而在（第四個注釋）中所討論出的結論為：「有無並不分離」。吾人大致可以同意，正文中所言之「純有與純無同一」與此處之「有無並不分離」，其意涵當是一致。

然而，為何要將「純有與純無同一」以「有無並不分離」之說法重述，筆者認為，這其中隱含的是同一種真理的哲學命題，卻是不同觀點的表述。就「純有與純無同一」而言，談的是《邏輯學》思想思想自身的角度，由純有之規定性推衍出純無，再由此說兩者同一；而這即是萬有之開端。[22]

八、迦達瑪論有無「已然過渡」

（一）無從有中「無中介地突然出現」

在 "The Idea of Hegel's Logic" 一文中，迦達瑪細

---

22 而若就「分離問題」來說開端，這一真理的表述，在柏拉圖《巴曼尼得斯篇》中便已完成。筆者認為，「純有與純無同一」乃是以思想思想自身之邏輯的方式，將柏拉圖《巴曼尼得斯篇》之「一與存有並不分離」做了改寫。但此部分之討論過於複雜且易引起爭議，故本文不予討論。

究考察了《邏輯學》中的一個段落用語，即「純無」是由「純有」中「無中介地突然出現」（das Nichts am Sein » unmittelbar hervorbricht« ）[23]〔英文譯者者將 hervorbricht 譯為 bursts forth。迦達瑪說，「突然出現」（hervorbricht）是一個精心挑選的詞語，以避免任何中介與過渡的的想法。

在前面的章節中，本文已經討論，由純有和純無的定義可得出，純無和純有是相同的又不是相同的。這句矛盾的談論推導出純有和純無「兩者都立即地消失在彼此的對立當中。」這便是真理的運動，就是「變」。在〈變〉一節的原文中，我們讀到：

> 「一個方向是毀壞，有過渡到無，但無又是它自身的對立物，而過渡到有，即生成。生成是另外一個方向；無過渡到有，但有是如此地揚棄自己自身而反倒是過渡到無，即毀壞。它們不是相互揚棄，不是一個在外面將另一個揚棄，而是每一個在自身揚棄自己，每一個在自身中就是自己的對立面。」

23　Hans-Georg Gadamer. *Hegel's Dialectic : Five Hermeneutical Studies*. translated. by P. Christopher Smith （New Haven : Yale University Press, 1976），pp.76-77.黑格爾的原文與迦達瑪的引文稍有出入，其原文為 "Das Sein nur als unmittelbar gesetzt ist, bricht das Nichts an ihm nur unmittelbar hervor." WL.: 85.

　　「純有」與「純無」之間雖然互相過渡，但黑格爾在《邏輯學》開端〈存有論〉「有無變」一節註釋三中特別提醒我們，「純有」「純無」互相過渡之間，還不是「關係」（jenes Übergang ist noch kein Verhältnis），[24]雖然他們是由一方到另外一方的運動。即迦達瑪所說，雖然純有與純無是全然地對立，但它們兩個還不能夠是一個真正的差異。

（二）純有與純無之間之「無關係」

　　「純有」與「純無」之間並無「關係」。黑格爾在〈存有論〉一節的第一個注釋中，藉由對字詞使用的討論，已暗藏兩者並無關係的想法。在注釋一中，黑格爾問了兩個問題。一、在一般概念當中，「無」總是和「某物」（etwas）對立的，在此如何會是與「純有」對立呢？[25]二、是否以「非有」（non-being/Nichtsein）而不是「純無」來與「純有」相對立而顯得較好？

　　第一個問題的答案是，依黑格爾《邏輯學》，某物是已經被規定的東西，而純無仍是未加以任何規定的；

24　WL.: 90.
25　迦達瑪說，有個古老的真理早已定論，柏拉圖在《費利柏斯》（Philebus）早已論證出這樣的真理，即，「所有的變動皆是某物的變動」（All becoming is a becoming of something）。但很明顯，黑格爾在這裡的談論違反了柏拉圖這項早已定論的古老的真理。黑格爾談變動時，並非由某物的變動說起，而是純有與純無的合一是變動。Hans-Georg Gadamer, *Hegel's Dialectic : Five Hermeneutical Studies*, p.82.

所以，在黑格爾邏輯學中，純無並不是和某物相對立，乃是和純有相對。即，某物的否定，無某物，已經是把原有之規定性去除否定掉。但純有跟純無都還沒有任何的規定性，依黑格爾的術語，是全然的空。

　　對於第二個問題，黑格爾的答案是，若以「非有」來和「純有」相對立，吾人的確可以看出它們之間的「關係」。但黑格爾說，吾人該思辯的，並非這種形式的「對立」，而該是抽象的直接的「否定」（Negation）。即純有與純無當中，吾人該分別出這兩者彼此直接消失在他們的對方當中，因此，純無這個概念，免除了任何的關係，即無關係的否定，作為一種否定，當比非有較好。而「非有」對「純有」的否定，已經是有關係的規定了。黑格爾甚至說，以「不」（Nichts）來代替純無也可。黑格爾的原文是：「首先並不在於對立的形式，也即，並非在於關係的形式，而在於抽象的和無中介的否定，純粹自為的無，無關係的否定；── 假如有人願意，也可僅只以：『不』來表示它。」[26]

　　以上，本文討論了純有與純無之間之「無關係」，以下，繼續討論黑格爾的用詞「突然出現」。

（三）從「變」到「純有」「純無」，　　　還是「純有」「純無」到「變」

「純無」是由「純有」無中介地「突然出現」的，

26　*Ibid*, p.68.

這個「突然出現」是一種「渡過」，但此「渡過」並非
有任何的中介性。迦達瑪小心翼翼地釐清從「純有」到
「純無」的活動，為的是避免承認此二概念中已有任何
的關係。但「變」（Werden）是什麼？如果「純無」是
由「純有」裡無中介地「突然出現」的，這只是一種「無
關係」的運動，「變」如何地符合「純無」由「純有」
「突然出現」的這一種「無關係」的渡過的活動？

　　迦達瑪提出了一個邏輯後設上的後思。他說，若吾
人論「變」之概念時，則不能不同時思及「純有」與「純
無」，因為「變」的概念之中必然包含著「純有」與「純
無」，「變」即是「純有」與「純無」之間的活動。迦
達瑪的意思是：

　　　　「純有」、「純無」←「變」

　　　思及「變」時，「變」的概念必然包含
　　　「純有」與「純無」，故可由「變」的概念
　　　後思「純有」與「純無」。[27]

---

27 可參考 Pinkard 的意見，他說：「『變』倒是意味著純有和純無之
　概念的『轉換』（shiftiness）、『不穩定』（unsteadiness）：『過
　渡和變是同樣的』。但變的概念有其優點，在於它具備『有』和『無』
　相合一的意義。亦即，在變的概念之中吾人可以談論有與無。」Terry
　Pinkard, *Hegels Dialectic. The Explanation of Possibility*
　（Philadelphia: Temple University Press, 1985），p.93.

　　但，推論的順序若是顛倒？迦達瑪說：「反過來說便不全然讓人信服，即，當思及純有與純無時，吾人必須思及變。」[28]問題即是，在《邏輯學》的推論順序上，當黑格爾定義出「純有」與「純無」的內容後，從「純有」與「純無」如何能夠進展到「變」？這中間的運動是如何發展出來的？迦達瑪的意思是：

「純有」、「純無」→〈？〉「變」

　　以上我們已經說過，「純無」是由「純有」中無中介地「突然出現」的，而這只是一種「無關係」的渡過。那麼，這種並無任何的中介之「無關係」的渡過如何能說成是「變」？

（四）「變」之出現

　　為了解釋以上這種提問，吾人必須仔細逐步地檢視迦達瑪如何詮釋「變」之出現。

　　1.首先，

　　若回到開端的定義，就思想思想自身而言，迦達瑪並不把純有與純無視為全然是思想的規定性（was sie als Gedanken für das Denken sind, so wenig Bestimmung desselben）。黑格爾於《邏輯學》正文說，在「純有」

---

28 Hans-Georg Gadamer, Hegel's Dialectic : Five Hermeneutical Studies, p.76.

與「純無」中，沒有可直觀的；或者「純有」與「純無」
僅是純粹的、空的直觀自身。空的思想還不能說成是全
然的思想（Das leere Denken ist also ein Denken, das noch
gar nicht das ist, was Denken ist）。[29]

2.於是，

迦達瑪說：「進展到變，都還不能被視為是一個辯
證的規定性的發展，……視為思想思想自身。」[30]

3.

那麼，真正的思想，或全然的思想則是：「純有與
純無一同沈入變中，這種方式才是思想的真理（So läßt
sich das Zusammensinken von Sein und Nichts im Werden
sehr wohl als die eigentliche Wahrheit des Denkens
vollziehen）。」[31]所以說，從「有過渡到無」或「無過
渡到有」，實際上都不是一種恰當談論的方式，因為「純
有」之在場且與「無」有差異乃是事先預設的了。[32]

迦達瑪建議，如果細心閱讀黑格爾文本的話，就會
發現黑格爾在這個部分談論到「過渡」之發生時，在辯
證的次序上是極為精準的：純粹的有與純粹的無是同一

---

29 Pinkard 亦持相同觀點：「純粹的有之概念是無規定的，因此不能
　同純粹的無區別開來，因為只有通過某種規定性，它才能與別的任
　何東西區別開來。」Terry Pinkard, *Hegels Dialectic. The Explanation
　of Possibility,* p.93.

30 Hans-Georg Gadamer, Hegel's Dialectic : Five Hermeneutical Studies,
　p.77.

31 *Ibid,* p.77.

32 *Ibid,* p.77.

的。「真理即是，並非是有，亦並非是無，反倒是有過渡到無去，及無過渡到有去 ── 不是過渡 ── 而是已然過渡（Was die Wahrheit ist, ist weder das Sein noch das Nichts, sondern daß das Sein in Nichts und das Nichts in Sein ── nicht übergeht, sondern übergegangen ist）。」[33]

顯然，「純無」由「純有」「突然出現」的這一種「無關係」的渡過的活動，絕非吾人日常意義上想像的從無到有或從有到無，如某某東西的消耗或分解而不見，或如一新生兒從受精卵誕生而成長的過程。因為若某物遭致分解而成為沒有，此無作為對某物的否定，亦是被規定了的無了，而非黑格爾《邏輯學》意義下的純粹的無。

迦達瑪說：「過渡因此，是已然發生了。過渡總是完成了。純有與純無獨然地存在在過渡或轉換之自身，即變，當中（Ein Übergehen also, der immer schon gewesen ist: Dieser Übergang ist immer ´perfekt´. Worin Sein und Nichts allein sind, ist das Übergehen selbst, das Werden）。」[34]有與無不會有它們自己分開的獨立自存，

---

33 用 Pinkard 的話來說，即是：「黑格爾宣稱，它們已然互相過渡了（他沒有說它們互相過渡，因為他感到這種說法會過早置入一種邏輯給它們）。這種從一者無中介地過渡到另一者的，就等於『變』的概念：有過渡為無，無過渡為有。」Terry Pinkard, *Hegels Dialectic. The Explanation of Possibility,* p.93.

34 Hans-Georg Gadamer, Hegel's Dialectic : Five Hermeneutical Studies, p.77.

而只有在這個第三者，在「變」中，它們才「是」。

　　經由以上邏輯之後思，黑格爾《邏輯學》的開端，正如 Pinkard 所宣稱的那樣，是一後設邏輯（metalogic）。[35]因為唯有進展到變，吾人才能向後推論，斷言出純有與純無的真理。只要還停留在純有和純無這兩個概念上，就不能說這兩個概念是同一的亦或有差異的，也不能說它們會互相過渡。意即，只有在變中，理解出此二者之已然相互過渡，吾人才能說，這種過渡還不是一種關係。

　　經由以上迦達瑪精闢的分析，吾人才能明白《邏輯學》中「有／無／變」三者關係之真理。迦達瑪的談論顯然提醒著吾人，在「純無」與「純有」立即地消失在彼此的對立當中的這個活動，尚未是一種「過渡」。迦達瑪點明了，「純無」與「純有」消失在彼此的對立當中的活動乃是一「已然過渡」，所以，

　　1.「有過渡到無」或「無過渡到有」，都不是一種恰當的談論。

　　2.而正確的說法是，「過渡總是完成了」。純有與純無於變中一同出現。

　　3.於是，邏輯上正確的說法，真理：

　　（1）並不是「從無到有」，

　　（2）也不是「從有到無」，

---

35 Ibid, pp.96-7.

（3）也不是有「有」、有「無」之後，才推衍出「變」。

（4）真理乃是「有」「無」之間已然過渡。此已然過渡即為「變」。〈在此，吾人是否可以借用《老子》第一章中「此兩者，同出而異名」之論開端的語言，以描述此處之有無已然過渡為「有無同出」？關於「同出」這個用語的使用，筆者的意見是，（a）黑格爾論純有、純無之間之變動時，以後思的立場而言，確然有無是「同出」的，（b）但，「同出」卻不必然意謂著有無之間有「相互過渡」之發生。因為有無若「同出」，則必然有「無」過渡到「有」之發生，但不一定預設著「有」過渡到「無」之發生。〉

（5）在「有」「無」已然過渡之中，「有」與「無」邏輯的次序顯然是，「有」與「無」並非可以獨立切割來之思想概念，即非先思想「有」再思想「無」，或先思想「無」再思想「有」。真理即是，「純無」與「純有」乃是不互相「分離」的。此一「純無」「純有」不分離的觀點，乃是對應著黑格爾解決「開端」中有無分離的真理。有無乃互相結合而不分離的真理，乃是哲學思辯上「開端」的真理。亦是本比較哲學所關注的核心問題。

九、積極的結論

格爾邏輯學開端的討論，本文得到一積極的結論，即，關於起源的邏輯上正確的說法是，真理：

（一）並不是「從無到有」，

（二）也不是「從有到無」，

（三）也不是有「有」、有「無」之後，才推衍出「變」。

（四）真理乃是「有」「無」之間已然過渡。此已然過渡即為「變」。

而經由上文，本文可以得出《老子》起源論的三種可能性。

（一）天下萬物之「開端」乃有物混然之「無」、之「道」。在此情況下，《老子》之無乃是有物混然之有。

（二）第二種情況，天地萬物由「有／無」而生。此一立場接近於康德《第一批判》中〈先驗辯證論〉的第一組二律背反的主張。即：1.世界在時空上皆有一起點。〈以《老子》的語言，則為有中生有〉2.世界在時空上皆無一起點。〈以《老子》的語言，則為無中生有〉。那麼，老子第二章「有無相生」為宇宙論上二律背反之主張。在此情況下，《老子》對於開端之主張亦非「有生於無」而已。

（三）在第三種情況中，天地萬物為「有無相生」，此觀點彷彿是在談生成與毀壞，即萬有不斷在變化之中而沒有間斷。或「有無相生」為一宇宙循環論的立場，即天地萬物由無而生，爾後又復歸於無，如此交替循環。在這第三種觀點中，吾人才可以說，《老子》對於開端之主張是「有生於無」。

如若以《邏輯學》的開端論去檢視這三點。則，

（一）第一種「開端」是有物混然之「無」、之「道」。然而，對於黑格爾而言，開端不能是某物，此情況下之無乃是有物混然之有，已是某物某有了。在此情況解釋之起源論不夠通透。

（二）第三種情況是有生於無，則邏輯上不夠通透。

（三）在第二種情況下，天地萬物由「有／無」而生。那麼，老子第二章「有無相生」為宇宙論上二律背反之主張。如若是二律背反，則此理論本身亦是困境。

但，此處之有無相生，是否有可能解釋為黑格爾理論中的有無已然過度，已然同出呢？如若是，則此處之解釋最符合邏輯之解釋。

論巴塔耶的耗盡思想：
以商文明之祭祀爲例

　　當我們看到一個古代社會願意並能夠
動用相當多的財富去做似乎無用的事情，我
們將景仰這一社會的人民並說他們已經進入
文明。物質文化越無用，在我們眼中文明就
越顯得清晰。[*1]〈張光直，《商文明》〉
"Exuberance is Beauty" [2] William Blake

---

* 本文乃筆者「巴塔耶『神聖』理論之研究」歷年來關心的主題之一，
特此感謝科技部研究計劃支持。並曾刊載於《清大中文學報》4（2010,
12），頁 185-224。

1 張光直，毛小雨譯：《商代文明》（北京：北京工藝美術出版社，
1999 年），頁 352。原文為 "When we see an ancient society willing and
able to devote considerable wealth for seemingly useless tasks, we
would admire its people and call them civilized. The more wasteful they
are, the greater their civilization looms in our eyes." 張光直的這一段
話無巧不巧地吻合本文所要論及的巴塔耶之觀點，如無用（useless）
之用、浪費（wasteful）、文明（civilization），及浪費與文明之間
的對應關係。

2 此句出自 William Blake 的詩篇 "The Marriage of Heaven and
Hell"，巴塔耶將此句題於其著作《被詛咒的部份》（*The Accursed
Share*）之頁首（此書名之翻譯從譚家哲）。在《文學與惡》一書中，
巴塔耶曾熱烈討論過 William Blake。

一、前　言

　　本文主旨在於申論思想家巴塔耶的耗盡觀點，並將以商文明的祭祀幅度佐證之。在寫作的次序上分為兩部份。第一部份將先考證考殷商部份。呈現古材料中所錄之祭祀幅度，說明商朝人祭與牲祭規模之龐大，這般的宗教行為似乎可被視為炫耀性的毀壞，如同誇富宴一般。而在文章的第二部分才進入巴塔耶的思想。

　　將仔細論證巴塔耶的耗盡思想。巴塔耶曾以原初的祭祀，辯證出有用性的俗世界之外神聖的耗盡概念，並特別以此解釋了古阿茲提克帝國的太陽神祭之意義。而文明之財富的耗盡，同時是主權至高性的展現，同時亦是此越界之可能。最後，本文將仔細考察，並試圖以巴塔耶之思想來詮釋殷商文明炫耀性毀壞之意義。

二、商文明的財物累積與浪費

（一）一片龜甲〈丙編・124〉

　　《中國考古報告・小屯第二本殷墟文字丙編》所記第 124 號龜甲，其中有一段刻文記著；「丁巳卜，爭貞，降冊千牛？不其降曹千牛千人？」[3]此段文字譯為現代白話文，卜問的是：在舉行曹這個祭祀儀式時，是否該要

3　張秉權：〈祭祀卜辭中的犧牲〉，《中國上古史》（台北，中央研究院歷史語言研究所，1985 年），頁 224。

以千牛千人為祭？[4]

　　1928 年，殷墟開挖，甲骨文揭秘之後，商人祭品的種類、數目便有了一個概要的輪廓。商人祭品的種類有：牛、羊、豕、犬、人。而祭祀的數量從一至十，至數百，最高的記載則如以上那段卜文，以千記。

　　《小屯第二本殷墟文字丙編》124 號龜甲的記載，賦予了後人一種祭祀規模底想像，即，到底需要多少的時間與空間，才得以進行千牛千人如此龐大數量之殺戮活動？並且，依學者之考察，在進行這些數以千計的殺牲儀式前，商人也一定有一套特別的運作模式以管理這些準備被用的人牲與畜牲，並加以安頓。[5]我們好奇著商人為什麼要浪費大量的財富與人牲在祭祀這宗教事務上？

4　另外，此條卜辭著重的是商王希望見到降冊千牛千人，要注意的是，如要用卜辭來討論獻祭問題，重點不該放在「命辭」，而是該放在「用辭」。因為用辭記載的才是卜問後，確實用牲的數量。然則，殷商人祭牲祭規模之龐大確為事實，筆者此處所引之卜辭僅在佐證此等事件之真實度。此外，本文引用之甲骨卜辭多用舊著錄，的確，筆者所參考之文獻乃集中在殷墟考古項目，而殷墟反映的是商代晚期（即盤庚遷殷後）的歷史資料。這亦是筆者才識有限之處。故本文論耗盡的材料集中在殷墟出土文物。如要研究商代中期的人祭制度，可見 2000 年左右鄭州小雙橋商代遺址的挖掘報告，或見馬季凡：〈商代中期的人祭制度研究以鄭州小雙橋商代遺址的人祭遺存為例〉，《中原文物》3（2004）。
5　張秉權：〈祭祀卜辭中的犧牲〉，頁 230。

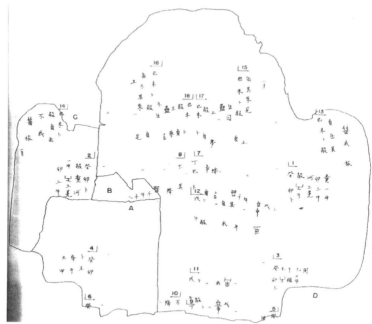

附圖一：《小屯第二本殷墟文字丙編》124 號龜甲

（二）文明 —— 財富的累積與浪費

商代，是中國文明裡現今可以確定的最早王朝。[6]
商，這個中國最早的王朝為何會誕生，一直是引發學者
討論與深思的問題。在《藝術、神話與儀式》一書中，
張光直教授曾以考古學家的角度對中國文明做出了全面
性的詮釋，他說：「中國文明的演變之所以同王朝相伴

---

6 夏商周三代，一直是中國文化中對遠古先民的通稱，但依考古學資
  料確切的考據，中國最古老的王朝現今只能確定在殷商。因為河南
  安陽小屯村商代都城殷墟之挖掘成功，中國思想界已經能大致地了
  解商代的政治與社會狀況。

隨，是因為這裡也同其他任何地區一樣，文明不過是社會少數人，即王朝累積財富的象徵。」[7]

論財富，論商王朝的財富何以增加，何以累積，是一個社會經濟史的問題。依據甲骨文的資料，吾人得以確定，商朝的財富完全掌握在商王手上，商王朝的財富乃絕對累積與相對集中在商王身上。因此吾人將可以從張光直先生的那段話推論出以下見解——商王，和他身邊的王公貴族與儐妃，乃商王朝社會中佔有財富的少數人，他們將中原地區的財富累積起來，才讓商文明及其王朝得以誕生。商文明，乃是這些少數人消耗財富的象徵。

然而，這些財富消耗到哪裡去了？傳統之討論，商代，一直被認為是個尚鬼的王朝。[8]商人尚鬼，最明顯的直接證據有二：（一）、挖掘出來的地下遺物——十餘萬片甲骨，（二）、挖掘出來的歷代商王大墓。甲骨之占卜告訴我們，商王幾乎無事不占，無日不占。而商王墓中大量的陪葬品，則表現出商人「事死如事生」[9]的態度。我們看得很清楚，商代的掌權者，將絕對累積與相對集中的財富，大量消耗在所謂鬼神——即宗教之領域上。

相對於維持自我保存的有用性而言，將剩餘的財富價值消費在宗教領域上，似乎看來是沒有實際的效用，

---

7 張光直，郭淨譯：《美術，神話與祭祀》（台北：稻香出版社，1993年），頁4-5。

8 見《史記》或《尚書·酒誥》的記載。

9 「事死如事生，事亡如事存，孝之主也。」

也即無益於國計民生之事。張光直先生追問著：掌握財富的人為何將物資消費在「似乎無用的事情」[10]上呢？

三、一片龜甲〈續編 1.10.7〉

讓我們再考察另外一片龜甲，由其中透露之端倪接續討論。在〈殷墟書契續編 1.10.7〉的第四片龜甲中有文：「貞：御自唐、大甲、大丁、祖乙百羌、百宰。」依《史記·殷本紀》之記載，大丁為太丁，甲即為太甲，一般相信，龜甲中所提及的三人分別是殷王朝第二、第五、與第十四位王。

由〈殷墟書契續編 1.10.7〉的這片龜甲，吾人可以解讀出商王的三重身分。首先，占卜所用之甲骨大多專門為商王所製，占卜多半是商王的特權，考古掘出的甲骨在某種程度上都是殷王室的特別事務檔案；[11]因此，〈殷墟書契續編 1.10.7〉這塊龜甲必定是殷商後期的某位帝王為祭祀他的祖先太甲、祖乙、與太丁而占，並且獻牲羌人一百，宰一百。那麼，商王的第一層身分是現實世界的政治主。

其次，甲骨之使用顯示了殷王與另一個世界溝通的身分，有些甲骨文告訴後人，殷王常常親自占卜，並親

---

10 張光直，毛小雨譯：《商代文明》，頁 352。

11 陳夢家：《商代神話》（台北，天一出版社，1991 年），頁 26。另外，占卜並非僅是商王特權，不該忽視數量龐大的非王卜辭、子組卜辭的存在。

自解兆；卜辭中常有「王卜」「王貞」之辭，乃是王親自卜問，卜辭說「今日王祝」，是王親祝，甚至卜辭說「壬子卜何貞王舞又雨」，是王親舞求雨，[12]因此，陳夢家說：「王者自己雖為政治領袖，同時仍為群巫之長。」[13]王自己便是與神靈界溝通最重要的橋樑。那麼，商王的第二層身分是現實世界的宗教主。

　　最後，太甲、天乙、太丁可以承受其子孫獻祭的原因，乃因現實政治上的商王相信，他的王祖逝去之後，將在另外一層世界中繼續享有一定的權威與力量，並且以不知名的方式繼續影響著這個現實的世界。這也是為什麼在甲骨卜辭中，後人常常讀到，在乾旱的日子裡，商王祭祀先祖以求降雨；在飢饉的日子裡，商王則會乞求他的先王於另一個世界中解消現實世界的災難。那麼，商王的第三層身分是死後世界的王。

　　由以上三點，吾人可見商王權之崇高神聖。作為政治與宗教領袖的商王，將他手上掌握的絕對財富消耗在「似乎無用的」與神靈界打交道的過程。這個過程表現在幾個方面，一是占卜，一是祭祀體系，一是殉葬數量。問題是，文明的展現為什麼是要將大量的物資消耗在與神靈界打交道的「無用」過程？而王權之崇高與神聖從何而來？

---

12 同上註，頁26。
13 同上註，頁26。

四、商王 —— 現實世界的政治主

　　首先，本文將繼續考察商王的政治實力。三千多年前，中原大陸上分布著許多的城邑，各城邑之間有彼此的商業貿易、政治結盟、攻伐交戰、婚配結親。但商代顯然是那個時代裡「最顯赫的國家」。[14]商王是當時中原大陸上各諸侯國的共主。所有的財富都集中在商王手上，他居住的首都，流入了從各地而來的物資，但卻只流通出少數賜與諸侯的禮物。

　　從甲骨文中，吾人觀察到，殷都安陽是一個財富只流進不流出的中心。流入的物資有：穀、野獸家畜、工業產品、及向國內諸侯收取的貨物，這包括龜甲、牛肩胛骨、子安背、牛、馬、象、戰俘等等。而流出的呢，唯一僅有的紀錄之重要項目乃商王賞賜地方諸侯的禮物，可是「這種記錄在卜辭中僅有偶然的出現。」[15]

　　而商王所掌握的物資中，最值得注意的則是青銅器，因為青銅器之製作需要耗費大量的人力與物資。首先，從挖掘礦石肇始，便需要大量的人力於礦區內耐著高溫採礦，並且還要隨時掌握著脈礦的動向，張光直甚至推論，三代的遷都史就是一部追逐著礦區的歷史。其次，緊接下來的是礦產之運輸，這乃需要武裝軍力之介入與護送。然後是熔煉，滲入合金，調配銅錫的比例；

14　張光直，郭淨譯：《美術，神話與祭祀》，頁 15。
15　張光直：《中國青銅時代》（台北：聯經出版社，2002 年），頁 16。

接著以模與範鑄造器皿；最後修飾成型。青銅器是政治權力的象徵，主要用途在於祭祀及戰爭，這就是《左傳》所說的：「國之大事，在祀與戎。」[16]由青銅器我們看出，殷王朝之財富，大量地化為青銅器，目的在宗教與戰爭事務。[17]

五、商王 ── 現實世界的宗教主

除了政治主，商王還是宗教主，「據卜辭所記，唯一握有預言權的便是商王。此外，卜辭中還有商王舞蹈求雨和占夢的內容。所有這些，既是商王的活動，也是巫師的活動。它表明：商王即是巫師。」[18]他是群巫的領袖。[19]

在傳世的文本中，吾人便經常讀到對古時帝王的宗教儀式操作之描述語句，商王朝的始祖湯，就被賦加了這類巫師行為的傳說：

> 湯克夏而正天下，天下大旱五年不收，
> 湯乃以身禱於桑林曰：「余一人有罪，無及
> 萬夫，萬夫有罪，在余一人。無以一人之不
> 敏，使上帝鬼神，傷民之命。」於是剪其髮，

---

16 《左傳》公元前 579 年條。
17 宗教與戰爭事務都是巴塔耶之總體經濟學考察的課題。
18 張光直，郭淨譯：《美術，神話與祭祀》，頁 41。
19 同上註，頁 40。

劇其手，以身為犧牲，用祈福於上帝，民乃
大悅，雨乃大至。[20]

　　也因為殷王兼任宗教主的地位，他們甚至還自己親
手灼龜問卜。[21]如董作賓先生便討論過紂王的一片卜
辭，其文為：「丑王卜貞：旬無禍？在十月有一。王征
人方，在豪。」此為紂王帝辛到東方時的占卜。從帝辛
十祀十月到十一祀七月。帝辛向東南行，本為征人方，
但這段時間似乎沒有遭遇戰事。由所掘的甲骨資料串聯
起來可以知道，即便是作戰，王也要帶妥備用的甲骨。
在這十二月中，王要卜旬，卜夕，卜田獵，卜祭祀，根
據董作賓先生的估計，這趟旅程中所卜的龜甲總需求有
數千片之多。「這千數百塊龜甲骨片，無疑是用車載著，
隨時隨地，供王占卜。太卜、太史灼兆契辭之後，還需
加意保存著，直待東征歸來，載回首都，再把這一組史
料儲藏在窖穴之內。」[22]

　　窖穴，指的是將用過的甲骨收藏起來的地方。1936
年6月12日安陽的考古中，這一窖穴（安陽考古隊將之
命名為 H127 坑）也被挖掘出來，證明了卜室、卜官的
真實存在。「一般公認……安陽前後十五次發掘中的最

---

20 見《呂氏春秋・季秋紀》
21 董作賓，劉夢溪編，《董作賓卷》（石家庄市：河北教育出版社，
　　1996），頁238。
22 同上註，頁690-691。

高成就和最偉大的業績是 H127 發現。」[23]在將近三坪大
小的坑洞內，起出了甲骨 17096 片，而殷墟考古所得總
數也不過 24918 片。[24]並且，有一具人體骨骸共埋其中，
一般咸信，「此人可能是保管甲骨者，因甲骨的被埋葬，
隨之殉職。」[25]

六、商王 ── 死後世界的王

在商人的信仰中，商王活著稱王，死後也將轉移到
另外一個世界去繼續影響原本的現世。例如影響降雨，
因為雨乃是「農業社會的命脈，年歲豐歉，關係雨量的
足否，地位何等重要！」[26]本來商人信仰中最至高無上
的神為上帝，上帝的權能之中有一項便是降雨，但商人
大概相信他們死後的先王就活在上帝身旁，因此常會祈
求先王去左右下雨之可能性。[27]

不只帝，商人對於朝臣的看法也是一樣。如對於先
臣伊尹、咸戊，「以為他們雖然是死了，但精靈依然存
在，與活的時候完全一樣，地位、權威、享受、感情也
都一樣，而且增加了一種神秘的力量，可以降禍、授福
於子孫。『厚葬』的原因就在於此。墓喪等於他們生時

---

23 李濟，劉夢溪編：《李濟卷》（石家庄市：河北教育出版社，1996），
　　頁 546-547。
24 董作賓，劉夢溪編：《董作賓卷》，頁 153。
25 同上註，頁 182。
26 同上註，頁 628。
27 同上註，頁 626。

的宮室，宗廟等於他們生時的朝堂。」[28]

後面這一點至為重要，當 1934 年殷王陵出土後，現代中國人簡直大大為殷王室的殉葬體系所震驚。第一點是王陵的巨大建築，足以體現殷人為殷王的犧牲奉獻。第二是墓中大量殉葬的器物，可看出殷人拋棄了多少的財富在殷王之陪葬上。這三，則是墓中埋有大量的屍體骨骸，印證了殷人人祭之盛。

1.M1001 大墓

商王陵墓區共出土十座帶墓道的大墓、一座未完工的大墓及一千兩百多座的小墓和祭祀坑，或許 M1001 大墓該是較好的選擇，可供我們見識商王大墓的氣勢。以下是它簡要尺寸大小：

墓室	口	底
南　　北中線尺寸東　　西	18.9 公尺13.7 公尺	174.1 平方公尺
墓室深度		10.5 公尺
南墓道的中線		30.7 公尺
北墓道的中線		17.7 公尺
東墓道的中線		14.2 公尺
西墓道的中線		7.4 公尺

墓坑的平面為亞字型，口大底小，東南西北四方有延伸出來的墓道。由附圖二 M1001 大墓與數字，我們可

28 同上註，頁 627。

附圖二 M1001 大墓

以推想墓室建造工程的浩大及所動員的人力。並且，1001
號大墓有大批的人、牲殉埋。共發現 252 人。經推測，
判斷這些人牲當為王的妃嬪、近臣、侍衛、奴隸等。值
得注意的是，有九人各埋在木槨地板下的中央和四方四
隅，並配有一犬一矛。另外，南墓道上的殉葬者最多，
有身首分離的體骨 59 具（附圖三：身首分離的體骨），
無身人頭骨 42 個。因為南墓道最長，中又置有車一輛，

附圖三：身首分離的體骨

殉三人四馬。一般推測，王棺是由此墓道推入底部的，並且在王棺運入後，這些奴隸「雙手背綁，一隊一隊被牽到墓道中適當的地位，面向墓坑並肩成排跪下。」[29]李濟之先生的推論是：「死者放入木槨後，殺牲儀式遂即開始，這大概是肯定無疑的。整個葬禮可能持續很長一段時間。從不尋常的隨喪品數量和『人牲』的總數來判斷，這一定是件很耗費時間的作業。」[30]

　　並且在十一座大王陵的四周，發掘出大量的「排葬坑」，總共是 1259 座小墓。其中有些排列的方式為十個方坑東西橫列，⋯⋯而每排的每一個方坑中，埋著十個殺下來的頭顱，整齊的排列著，這稱為人頭坑（the

---

29 高去尋，梁思永遺稿、高去尋輯補：《侯家莊第二本 1001 號大墓》（台北：歷史語言研究所，1962 年），頁 42。
30 李濟，劉夢溪編：《李濟卷》，頁 523。

beheaded-head-pits），[31]這樣，一次殉喪的人至少是五百人以至千人。另一種方坑，是殺頭之後身首同埋一處的，一般相信這些人是王的左右親信或眾臣殉喪者。[32]

殷商大墓中屢屢可以看見這類身首分離的骨骸。這類身首分離的奉獻活動之人牲處理方式，在甲骨文中成為「伐」。黃天樹先生說：「伐，……指俘獲的的專供伐祭之用的人牲。……意謂商王呼令向下屬徵取用作人牲的『伐』。」[33]

然而，學者推測，作為事物體系中的牛和羌，到了祭祀過程中轉變名稱成為牢與伐，但這絕非變換稱謂如此簡單而已。以物理世界觀之，牛和羌在祭祀的現場仍是作為牛和羌這兩種動物的本質而存在，但學者認為，這兩種動物一定經過了某種特殊的處理了，「所以，……這種不一致的情況告訴我們的也許是這樣一個事實：決定用貢獻來的犧牲進行祭祀以後，還要對它進行一定的前期處理，我們見到的是其中的兩種，即將牛圈養一段

---

31 楊希枚：〈河南安陽殷墟墓葬中人體骨骼的整理和研究〉，《中國上古史》（台北，中央研究院歷史語言研究所，1985 年），頁 583。
32 董作賓，劉夢溪編：《董作賓卷》，頁 176。
33 黃天樹：〈甲骨文中有關獵首風俗的記載〉，《中國文化研究》夏之卷（2005），頁 28。或者如姚孝遂所言，「『伐』就是砍掉頭顱，這是卜辭中最為常見的用牲方法之一，引伸之，凡被砍掉頭顱的『人牲』或是將被砍頭作為祭牲的俘虜也叫做『伐』。」引文見劉海琴：〈甲骨文「伐」字資料反映「獵首」風俗商榷〉，《傳統中國研究集刊》第二輯（2007），頁 3。

時間而成『牢』，將羌砍頭處理變成了『伐』。」[34]

七、婦好墓青銅器

　　除了以人、畜為牲外，殷王室墓穴還陪葬了大量的器物，青銅禮器該是其中的最重要表徵。但因為商王大墓歷代久經盜掘，墓中器物幾乎被搜括無餘，無法看出原有隨葬品的規模。但 1976 年殷后婦好之墓出土後，這個從未被盜墓者覬覦過的中型墓葬，告訴了後人商王朝的財富盛況。婦好為殷王武丁之妻，並且曾受封為大將軍帶兵出征，她的陪葬品總數共一千九百二十八件，有青銅器四百六十多件（以一個中型墓，這已經超過了三零年代殷墟考古的總合，可見商王大墓中的物件早已被搜括一空，由此更可想見商王大墓的殉葬規模），玉器七百五十五件，六十三件石器。不僅種類齊全，並且品質極高。

　　而根據統計，婦好墓中青銅器總重約 1625 公斤。一般而言，20 噸重的富礦可以鍊出 1 噸重的銅，那麼，光是這個墓所耗費的礦石量便達到 30 噸重。張光直曾為殉葬的青銅器做下這樣的描述：

34　劉海琴：〈甲骨文「伐」字資料反映「獵首」風俗商榷〉，頁 4。劉海琴等學者的討論，主要在於辨析商朝是否有獵首的風俗，抑或砍伐頭顱僅是在儀式中發生。的確，出草獵首的風俗在世界各民族中常見，在臺灣高山族中亦不乏紀錄。關於臺灣高山族的獵首研究，可參考邵碩芳：《獵首、儀式與族群關係：以阿里山鄒族 mayasvi 為例》（台東：國立台東大學南島文化研究所碩士論文，2008 年）。

> 以大批青銅器作為死去的主人的隨葬
> 品，既應看作一種宗教行為，可能是讓死者
> 把它們帶往陰間享用；也應該視為一種炫耀
> 性的毀壞（conspicuous destruction），如同炫
> 耀財富的盛宴一樣（potlatch-like）。[35]

八、為什麼要拋棄如此「巨大的財富」？

　　表面上來看，這些宗教上的事務並非完全無用，我們可以從一般的詮釋者那裡找到通俗性的解釋。依一般之詮釋，祭祀與占卜對統治階層而言，乃為要保持他們的特權而行。統治階層乞靈於祖先、神明，來保護自己的利益。而人祭，是因為相信商王死後要到另外一個世界繼續生活，所以殉葬大量活人，以供其在死後役使。如此仍可證明這些事務的有用性，而非絕對無用。[36]

　　然而，若依如此一般性詮釋，百工就願意在喪失自己生命的情況下來製造器物？民就願意看著奴隸在各種儀式中被犧牲，抑或樂意犧牲這些奴隸嗎？王就得以任意揮霍著人的性命和工作的成果嗎？從各種證據來看，商當然是一個政治神權的國家，但它為什麼是一個政治神權的國家？

---

35 張光直，郭淨譯：《美術，神話與祭祀》，頁 101。張光直此文中的 potlatch，當是本文第二部份的論證重點。
36 這樣的詮釋角度，董作賓與張柄權等甲骨文專家皆贊同。

如此引發了幾項值得討論的問題：

（一）何以政治王又要是宗教主，且又是祭祀主？我們真只能用以上這樣的付出—回饋之功利性迴路來詮釋商代的政治—宗教行為嗎？如此可合理解釋宗教性行為之有用性？

（二）另外，王權之神聖從何而來？

如果我們回到起點，重新思考一下張光直先生的談論？張光直說：「根據我自己學習世界文明史的很不成熟的經驗，我認為：沒有一個文明的產生不是經過這樣一個程序而來的，即財富的絕對累積和相對集中。」[37]根據這段話，本文延伸出將在第二部分論證的兩個問題：

（一）既然，在中國，財富累積在王的手中，而王以宗教性的活動來消費掉財富，經由祭祀、占卜、及殉葬等活動，消耗了畜牲、人牲、及大量的青銅器。而張光直說這是文明普遍誕生的模式，那麼，文明為何是以財富消費在宗教活動上開始？這種普遍性的原因為何？而祭祀、占卜、及殉葬消費的特性是「無用」，那麼，文明為何是因為財富集中在少數人，這少數人將財富消費在無用的宗教事務上才開展出來？這是否為文明誕生的必要條件？

（二）既然商文明的財富集中乃是文明中普遍性的狀況，並非中國獨有，要解釋這種狀況，或許可在其他

---

37 張光直：《中國青銅時代》，頁118。

文明的歷程中找到答案。在第二部分，本文便要以法國當代思想家巴塔耶對於耗盡的談論，來詮釋文明起源的無用之用。

九、有用性（utilité）

當第一部份談到無用之用時，這已然牽涉到經濟學之字眼了。法國思想家巴塔耶在其整體經濟學（general economy）[38]的理論中，特別談到此無用之用。本來，「無

---

38 整體經濟學乃巴塔耶思想中的重要概念，巴塔耶以此理論來批判資本主義與古典經濟學。整體經濟學言其一般／普遍（general），乃因依此理論可以普遍解釋從原始初民一直到現今社會之人類過活。巴塔耶發展整體經濟學的理論，從其業師 Mauss 的大著《論贈與》一書中獲益不少。在該書中，Mauss 詳細描述了盛行於南太平洋美拉尼西亞的庫拉圈（Kula ring）交易方式和盛行於阿拉斯加至西雅圖的西北太平洋海岸印第安人中的「誇富宴」（Potlatch）習俗，考察出原初社會中真正的財富乃是給予（le don/ to give）的能力，而非如現今資本主義社會中強調聚集與累積的財富特點。因此在印地安部落中，社會地位的建立，非在於個人財富擁有的多寡，乃在贈與他人財物的多寡，給予的對象愈廣，社會地位就愈高，愈受到尊敬。在北美部落中這種給予／還禮的機制，基於其不得不做，且基於贈與乃社會地位之建構關鍵，故常常在給予／還禮的過程中即使傾家蕩產亦在所不辭。甚至表面在於財物的交換，背後卻充滿了相互較勁與敵視的態度。對 Potlatch 的重要討論，可參閱《論贈與》第二章與《被詛咒的部份》第三章，見 Marcel Mauss, *The Gift : the form and reason for exchange in archaic societies*, trans. by W.D. Halls（New York : Routledge, 1990）.與 Georges Bataille, *The Accursed Share*, trans. by Robert Hurley（New York : Zone Books, 1988）然而，當巴塔耶在整體經濟學的理論中分析這誇富宴，乃真正要指出，耗盡，或者無用之用，乃是人的天性。這種耗去所有財物甚至犧牲了自己生命的誇富宴之精神機制，巴塔耶稱之為耗盡

用」這樣的談論就是相對著「有用性」而來的。巴塔耶亦有其物體系的談論，他認為，當人有清楚的意識來分辨出自我與外界（對巴塔耶來說，這是主體之始），而將外界的事物一一分類以後，物（chose）才能夠在世界的體系中得到一定的地位（position），並且，於此同時得到它的價值，即得到它的「有用性」。當然，此價值乃因著有清楚自覺的人而來的。並且，物之有用性的標準在於其是否對於人自我生存（conservation propre）有所助益。巴塔耶說，一開始，人宰制著物，而物臣服（subordinné/subordination）於人，物是人的工具（l'outil/tool）。但當世界越往前進，人也可能成為工具的一環，人成為物，同樣遭受宰制（如此之想法，不脫馬克思主義基調）。

十、物世界（monde des choses）、俗世界（monde profane）

當「物」以「有用性」被人建立出一定的體系之後，物的世界（或巴塔耶稱的俗世界）就展開了。而物之間的流通就是以價值來決定。不論在如何原始的社會階段，或者到今日無比複雜的價值體系時代，只要是人與

（consumption）。因此，當張光直說，「青銅器作為隨葬……應視之為一種炫耀性的毀壞（conspicuous destruction），如同炫耀財富的盛宴一樣（potlatch-like）」時，筆者認為張氏的描述可與巴塔耶之獻祭與耗費思想有所聯繫。

人相互來往的社會中，價值流通通常就意味著「等價交換」。[39]巴塔耶　認為，這種可通約的、同質（homogénéité）的流動關係，構成自然狀態之後一切功利性迴路的基調。

在巴塔耶的假設裡，自然狀態中的物因為沒有被清楚地定位出來，所以在那狀態中仍為列管為動物的人，就不能清晰地分辨出任何物來。動物的心靈裡，一切都是連續的、直接的、親密的，一切都在廣大的內在性之中。[40]

十一、禁忌 ── 性／死

當一切都按照俗世界功利性的迴路運轉之後，人之存活的領域一切便有規律性可循。但「物」相對地就以宰制與臣服的型態存活著。然而，不是所有的存有都能夠納入這功利性的迴路。在動物性的世界裡，有些存有的力量太過狂暴，如果這些東西被納入物的功利體系，很快就會摧毀人社會化後的穩定生活。依巴塔耶所說，這種暴力，一個是「死」，一個是「性」。為了抵禦死與性所帶來的摧毀性的力量，人類就在俗世界當中，將性與死劃成「禁忌」（interdit）來處理。在「性」中，

---

39 此種等價交換，並非意味著現實實際價格之公平交易。譬如，富商巨賈欲以千金購買梵谷或張大千的名畫，此亦自由資本社會之常態，但價格公平合理與否，端賴買賣雙方個人之判定。

40 Georges Bataille, *Theory of Religion*, trans. by Robert Hurley（New York：Zone Books, 1989），pp.27-42.

最強烈的禁忌是亂倫禁忌；而在「死」中，血與屍體是最強烈的禁忌表徵。

（一）死 亡

死亡禁忌在巴塔耶有幾種意義。就人類學而言，死亡意識是末到的。即人類要到了這幾十萬年間才發展出對死亡的意識。因此，死亡構成了人，即死亡意識分別了人與動物。另外，對巴塔耶的整體經濟學而言，死亡是一種奢侈，是能量的盈滿。故，人之死亡不過就是回到全體之連續性當中，或回到能量之連續性當中。在此意義下，死亡並非如個體經驗上是種恐怖的對象。死是能量的奢侈是，一個物種靠著另一個物種的死而接續存活下去。當然，逾越過了死亡，才進入了神聖性。神聖性同時有聖與懼的兩面，個體經驗對死亡之懼由此可見。此外，在獻祭之中，死亡的意義是，一從被獻祭者，一從觀看者。被獻祭者是無目的性的被消耗掉，即回到最初的一體的連續性當中。另外，獻祭即是生與死的結合。觀看者看到他者之死，有種悲劇的恐懼情節。

（二）性

巴塔耶所言的性並非只是狹義的性交，而是更廣大由性而來的一切活動，巴塔耶稱之為愛慾（eroticism）。巴塔耶言愛慾的思想主要集中在兩本書《愛慾論》（*Eroticism: death and sensuality*）與《愛慾的歷史》（*The history of eroticism*）[41]。

巴塔耶以死亡與愛慾為特別的論點，乃有其深刻的含意。在《愛慾論》一書的開頭，巴塔耶便論及了人與動物不同，他提及了幾種觀點：1.人類會製造工具，會勞動。2.人類有禁忌，尤其是與死有關的禁忌。3.人類有愛慾的活動。當巴塔耶以此劃分為其論著的起點時，這當然受到了其人類學背景的影響，（巴塔耶撰寫過拉斯科（Lascaux）原始洞穴壁畫的研究，見其 *"Lascaux; or, the Birth of Art, the Prehistoric Paintings"* 一書）。傳統上在論到人類與動物之別時，有幾種談論，分別是：1.人是會製作工具的存有（Homo Habilis）（此一類存有的定義被珍古德推翻），2.人是智慧的存有（Homo Sapiens），與 3.人是直立的存有（Homo Erectus）⋯⋯等等。因此，顯然巴塔耶是在對應傳統人類學的定義來標榜死亡禁忌與愛慾禁忌構成人之存有的意義。因此，禁忌，構成了人的存有。

由此可見愛慾構成人之所以為人的重要向度。巴塔耶說，人擁有主觀性的愛慾，相對地，動物只擁有客觀的性（sexuality）。愛慾，顯示出人的慾望的內在性，即人的內在經驗（inner experience），因為人在愛慾之

---

41 中文翻譯將第此本書名譯為《色情史》，筆者深以為不妥。眾所皆知，Eros 這個字緣起於希臘神話中代表著愛慾、愛情、與性交的神祉。該字在中文中該如何翻譯，亦困擾著筆者。筆者所想到的有愛慾、情色、色慾等，而勉強選擇了愛慾一詞。

中，他失去了他自己。巴塔耶這樣說：「從工作之中，從理解他自己的毀朽之中，從無羞恥的性不知不覺地轉為有羞恥的性後，愛慾論誕生了。」[42]

（三）越　界

然而，巴塔耶乃以黑格爾論揚棄（aufheben）的觀點去解釋人類禁忌。巴塔耶認為，雖然性與死成了禁忌，人一方面恐懼（l'horreur）著性與死，但其實，人馬上又被這種禁忌深深吸引、誘惑（attrait / tentation），這是否定的否定。人在這種致命的被誘之中產生焦慮的著迷（fascination angoissée），焦慮之中又感到引誘（l'angoisse de la tentation），人恐懼他有可能會忍不住越界（transgression）這種禁忌。

巴塔耶說，一旦人要是打破了這樣的禁忌，就會衝破這計算性的功利的俗世界，而進入到深深的連續的，沒有斷裂的混亂世界當中；如此，「聖世界」（monde sacré）被打開了。[43]

十二、聖世界

在巴塔耶的考察中，神聖（sacré）這個詞的原始字

---

42 Georges Bataille, *Erotism : death & sensuality*, trans. by Mary Dalwood（San Francisco : City Lights Books,1986）, p.31. 或見原文 Georges Bataille, *L'érotisme*（Paris : Éditions de Minuit, 1957）, p. 37.

43 在此意義下，聖世界即是異質性的。

根就帶有雙重的意義，一方面，這個字還保留了吾人現
今仍意指的神聖即潔淨的（pure）用法；另一方面，在
人類最初的指涉中，神聖這個字也同時意味著污穢
（filthy）。[44]神聖雙重矛盾（ambivalent）的意義，在吾
人對性的態度中即可看出。人們的確同時將性看成是聖
潔的與污穢的。一方面，我們害怕著性的力量，嫌惡著
它，一方面，我們又被性深深吸引。巴塔耶在「性」的
岐義性上理解深刻，他知道慾望乃是跟著禁忌而來，沒
有禁忌，何來慾望之有；並且，禁忌越強烈，突破禁忌
的慾望就越強烈，這便是人「越界」的可能。

　　然而，一旦我們突破了禁忌之後，就會進入到一個
意識無邊連續的境界當中，巴塔耶將這樣的境界稱為「聖
世界」。對「性」而言，聖世界裡有對神聖之愛的迷戀
與恐懼。聖世界不跟隨著俗世界一切都可以計算出來的
功利的邏輯；在聖世界裡，如果一不小心，人有可能就
會不自覺地自我毀滅在性的慾望中，這就是恐懼的來
源。「儘管有讓人恐懼之處，恐懼還是誘人的。」[45]

　　神聖的東西能讓人從這世界的臣服性中移出來。人
著迷於神聖的世界，人在聖世界中無力的恐懼，這種恐
懼乃是超乎言詮。當一切都變為混亂之後，就不再有主

---

44 Georges Bataille, *Visions of Excess : Selected Writings*（Minneapolis：
University of Minnesota Press, 1985），p.244.

45 巴塔耶，劉暉譯：《色情史》（北京市：商務出版社，2003 年），
頁 188。

體／客體／世界／我……的區別。人渴望卻又恐懼著聖世界，為的是要對抗秩序性的俗世界之貧乏。人進入俗世界後，或者宰制著物，或者也被當成物被人宰制，在這否定的否定中成為奴性。只有聖世界，是在這有秩序的世界之外。相對於清晰的俗世界，聖世界帶來的是危險。[46]然而，「我們想要的是讓我們精疲力竭並讓我們的生活處於危險之中的東西。」[47]

十三、王

　　某方面而言，王也是禁忌中的一環。在人類歷史的早期階段，當王還是部族的領袖時，他通常被傳說成部族神的後代，如相傳的商始祖契，乃是少女見玄鳥墜卵，便吞之受孕而生。[48]這樣，王身上就被相信帶有某種魔性的力量。王令人無法接近，他是禁忌（taboo），接近王，或許帶來的就是死。王底下的人民都相信著王帶有魔性的力量，因此當生產的物資超過自我保存的需求後，多餘的物資就會向禁忌的王那裡流去。這是為什麼文明肇始之初，財富絕對累積與相對集中在王身上的第一個原因。或許，這一點在商王身上就如此體現了。

46　Georges Bataille, *Theory of Religion*, p.27.

47　巴塔耶，《色情史》，頁 86。原文為："ce que nous voulons est ce qui épuise nos forces et ressources etqui met, s'il le faut, notre vie en danger".

48　見《史記‧殷本紀》。

十四、無用之用 ── 消盡

而王這個禁忌，立在功利性的物世界之外，更代表了另一層意義 ── 王消費卻不勞動。本來，在物的世界當中，付出了勞力，就要得到一定的成果，並且最佳的模式是，付出與回收可以達到等價的平衡。然而，若只單單地消費，卻不要求回饋，意味著單純地把物消解掉，破壞掉，把有化為無。若以經濟學的觀點看來，這種行為脫離了生產—消費—再生產的功利性迴路，巴塔耶把這樣的行為稱為消盡（consumation）。消盡看來是**全然無用**的，它的價值只體現在它單純地把物消解掉、破壞掉。[49]

上文已經說過，劃定物世界的禁忌有二，死與性，巴塔耶相信，只有死與性能夠衝破物世界功利的邏輯。在人類的存在當中，我們常看到這兩者的結合，如有人因著性而死；在這種情況下，或者為了性的緣故，人奉

---

49 祭品、牲品、或人牲都含有這樣的意味，巴塔耶把它們稱之為「被詛咒的部份」（the accursed share）（這正是巴塔耶的書名）。被獻祭的存有既然被作為祭品、牲品、或人牲，則意味著它們都是從財富中擇選出來的多餘品，而且是要被無功利性地處理掉，或者完全地摧毀掉。「一旦中選，他就是被詛咒的部份，命定要被暴力地消費掉」（Once chosen, he is the accursed share, destined for violent consumption）。牲品被從事物的秩序中被拿掉，也象徵著他有某種特別的角色，巴塔耶說，它指出了存有的親密、苦痛與深淵（intimacy, anguish, the profundity）。Georges Bataille, *The Accursed Share*, p.59. 或見原文：OuversComplètes, Tome Ⅶ, ed. M. Foucault（Paris: Gallimard, 1998）, p.64.

獻過多，耗盡了所有的心神與財富，彷彿只為了獲得俗世界之外對神聖的愛，對自己最終精神的至高肯定。那是危險的耗盡，是對俗世界的威脅。在性的耗盡裡，人在耗盡的情況之下，結果若非一無所有，便是邁向死亡。另外，死，也是一種耗盡的行為，死把有帶向無，而這種行為的結果無法為行為者帶來任何助益。

當我們看到成堆的青銅禮器隨著王的死而被拋棄的情況，張光直說那是「炫耀性的毀壞」，的確說出了王對於財富之無所謂的消盡，這切切實實是炫耀性的。婦好墓中 1625 公斤「巨大的財富」的埋葬，對於維持著勞動生活的民，確然是毫無用處的炫耀毀壞。

十五、消盡 ── 至高性

在生產的環節上，民創造了財富卻無法消費，因為某方面來說，民也只是物的一環，民代表著勞力與奴役性，[50]民為王工作，為王所壓榨。本來，生命若只在勞動的功利性中過活，那就永遠是奴役性格的展現。如同人消耗著動植物，動植物在人面前也就失去其內在的生命，也就只有以物資或勞動工具的型態而存活了。或者人命令著人，奴役著人，人在功利性的共體之中，也就帶著奴性而存活。

然而王，王不勞動，但卻揮霍著財富，他耗盡著這

50　Georges Bataille, *Essential Writings*, p.302.

個物世界中的所有物。於是，他對反著這世上的奴性而
存在。巴塔耶便說，在有用性外的耗盡，標示出對立著
奴性的至高之性（souveraineté）。[51]對立著奴性的至高
之性唯有在超出功利性的環節後才展現，如巴塔耶所
說，「生命超過了有用性才是至高性的維度。」[52]王超
出了有用性，至高性（souveraineté），就在王這個至高
者（le souverain）身上體現出來。[53]古代的王因此是帶
有至高與神聖性的存有者。於此，我們解決了王權之神
聖的來源。

十六、最初的耗盡 —— 獻祭（sacrifice）

但在巴塔耶的考察中，不求功利性的回報這種耗盡
最初是出現在宗教性的儀式 —— 獻祭之中。一開始，當
人離開動物階段，在原始的社會生活開始時，必須非常
辛苦地維持自我保存；也因此，他們受到功利性的物世
界非常嚴苛的挾制。這時候，在勞動日子的某些節日，

---

51 或見譚家哲以巴塔耶的思想論人性中的卑下性與至高性。見其《形
上史論》書中的最後一章。譚家哲，《形上史論》，台北：唐山出
版，2006 年。

52 Georges Bataille, *Essential Writings*, p.302.

53 巴塔耶後來便以此觀點寫作〈法西斯主義的心理構造〉，至高性的
王代表著超出了物的體系的異質性的存在。在 1920、30 經濟大恐
慌的年代，法西斯主義者巧妙地運用了宗教性的象徵的力量，而體
現一種神聖的存在。甚至對於戰爭的耗費，也可以歸納到這總體經
濟學的異質性耗費之考察中來。因此，以上的談論可與第一部份張
光直所言的殷王與殷商財富之運用相映證。

人們決定把辛苦勞碌生產的無數產品，或者是穀物，或者是牲畜當作祭品，以白白浪費的方式消耗掉。獻祭，因此成了耗盡的濫觴。[54]因為獻祭這個活動，突然間否定了俗世界得以成立的規約，阻止了謹慎與合理的規律，「突然導入了平常所討厭的，欲避開的混亂和無秩序」[55]就此在人類社會中立下了耗盡的原則。

在上文我們曾追問過這個問題，張光直說，文明為何是因為少數人將財富消費在無用的宗教事務上才開展出來？則，我們是否可以更清楚地斷言，中國文明的開展是以宗教性的耗盡為起點。而這究竟是一種地域性的特點還是普遍性的？

　　接下來我們將看到，在原初的獻祭當中，所有的禁忌都結合在一起出場。王，死亡所帶來的流血與毀滅，甚至是其中性的結合。

---

54 獻祭是什麼？以祭品來分，我們可有幾種討論：
　　1.在漢語世界日常的語境中，在日常的祭祀或普渡中，就常以三牲五果為獻祭品。
　　2.當然，在特殊的祭典中，獻以大量的物資也是尋常之事。如2007年台南十三甲武德宮丙戌科的五朝王醮，因奉神明指示，便以兩千頭豬為獻，見附圖四：圖片出自：
　　http://www.wretch.cc/blog/EYESHOT/5648699。在本文中，主要討論的是以牛為牲或人牲，即以人獻祭。現代世界的觀點以人為重，且以人為中心去看待存有整體，因而人牲顯得可怖，但這亦是本文所要討論的要點。

55 湯淺博雄，趙英譯：《巴塔耶：耗盡》（石家庄市：河北教育，2001年），頁175。

附圖四

十七、阿茲提克的文獻

在《被詛咒的部份》一書中，巴塔耶特別參考了 16 世紀西班牙傳教士 Bernadino de Sahagun 對於阿茲提克帝國人牲獻祭活動的記載[56]並從而以總體經濟學的理論加以解讀。[57]阿茲提克人在太陽神祭時會犧牲大量的生

---

56 巴塔耶主要參考的是 Bernardino de Sahagún（1499-1590）的著作 *"Florentine Codex"*（此書的現代書名為 *"Historia general de las cosas de Nueva España"*（英文名為：*"General History of the Things of New Spain"*）），Bernardino de Sahagún 是派駐在墨西哥的法裔傳教士，他被學者尊稱為民族誌之父，所編撰的"Florentine Codex"收錄了阿茲提克帝國的宗教、生活、與文化細節。

57 巴塔耶以總體經濟學解釋人祭之意義時，他所參考的亦是傳教士記載的二手文獻。因此，在論證嚴謹度上，筆者並不認為巴塔耶之詮釋阿茲提克文明會比筆者以巴氏之理論來解釋殷商文明高明的多少。

命，大多是使用戰爭中的俘虜。阿茲提克人對待這些俘虜的態度是：「把俘虜視為他自己的肉與血，稱他兒子，而後者則稱前者父親。」[58]俘虜將會與他們的主子同唱歌，同跳舞，在他們死前，會被灌酒直至酩酊大醉。每年固定的祭典通常會使用兩萬名人牲。[59]其中一名扮演神的角色，其他人則隨他送死。以下，本文先跟隨著巴塔耶的摘錄，重述太陽神祭時的情境。

　　一般而言，在復活節左右，阿茲提克人會從前一年的俘虜中選出一位年輕貌美的男子，作為主犧牲者，從那一刻起，這個男子會活得像大君王（great lord）一般。「他手執鮮花，穿著華麗，在一些名望之士陪伴下，穿越整座城。他對路上行人將領首致意，這些人都知道他就是 Tezcatlipoca 神（最偉大的神之一）的形象，故傾身俯倒，不論在哪裡遇到他都向他俯拜。」[60]有時候這個人會待在金字塔[61]頂端，「在上面他會吹奏直笛，不

58　Georges Bataille,*The Accursed Share*, p.51. 或見原文：Tome Ⅶ, pp. 57.
59　1486 年，墨西哥大神廟的完工，「某些資料提出的數字駭人聽聞，說那短短四天內，總共殺死了 80,400 名人牲。這個數字也許嫌誇大，但墨西哥 —— 特諾奇蒂特蘭那次祭神大典上，有好幾千名男女遭到殺戮，則是肯定無疑的。」Serge Gruzinski，馬振騁譯：《阿茲特克：太陽與血的民族》（上海：漢語大辭典出版社，2001 年），頁 49-52。
60　Georges Bataille, *The Accursed Share*, p.51. 或見原文：Tome Ⅶ, pp. 57.
61　「祭台四周有圍牆，寬 402 公尺，長 302 公尺，裡面有好幾十座神廟。最巍峨高大的是大神廟。呼茲洛波奇特里神殿的台階上血流遍地，西班牙人除了視覺大受衝擊，他們也聞到噁心的血腥氣，從中央祭台上陣陣襲來。」Serge Gruzinski：《阿茲特克：太陽與血的民族》，頁 51。

論是在夜晚還是在白天，只要他想吹奏隨時皆可。吹完
笛後，他會執香擲向世界的四方，然後回家，回到自己
的房內。」[62]在祭典的前二十天，人們便帶給他四位富
有教養的女僕。在那二十天當中，他和這些女僕有肉體
上的交媾。而這四位女體個別代表了四位女神。

　　赴死的那一天，祭司或大首長陪同著他步上金字塔
頂端，這些人將執行獻祭他的任務。一開始，這些人把
他抓起來丟上石頭砧板，然後，抓住他的頭，他的手，
他的腳。隨即，祭司拿出石刀猛力地刺進他的胸膛，拔
出石刀後，伸入手去扯出他的心臟，在那一刻，將此人
奉獻給了太陽。而其受到尊崇的遺體將會被緩步抬下，
放置在神廟廣場。

　　那些和他不一樣的尋常人牲同樣被挖出心臟，其他
的文本記載：「準備獻祭的戰俘，從東南西北四個方向，
排成一條條長蛇陣，朝都城的中央祭台逶迤而來。阿烏
依佐爾國王站在神廟頂，兩旁是特斯科科和塔庫巴的領
袖；由國王首先下手。他們剖開人牲的胸口，掏出還在
跳動的心。當他們做厭了這種開膛破肚的工作，就換幾
十名祭司接替，繼續這場沒完沒了的血腥大屠殺。」[63]這
些人牲將會被直接從金字塔頂端丟下，且被分食。
Bernadino de Sahagun 對分食的作業有所描述：「身子切
成幾段：一條腿送給蒙提祖馬下飯，其於部分由大臣或

62　Georges Bataille, *The Accursed Share*, p.52. 或見原文：Tome Ⅶ, pp. 57.
63　Ibid, pp. 49-52.或見原文：Tome Ⅶ, pp. 55-58.

親戚分享。一般都前往俘虜死者的那人家裡吃。肉跟玉米一起煮熟，每人一小勺，勺裡有一塊肉、湯和玉米，這食品叫『特拉卡洛里』（tlacatlolli）。」[64]

十八、獻祭時的王

在初民開始有獻祭活動的時候，他們或許不是那麼清楚意識到神靈的存在，只有當獻祭成為一種例行的儀式被固定下來以後，民才慢慢認識神靈的力量。甚至後來神作為人格神清楚的形象，而王以人格神之子的姿態登上祭壇後，民將物資獻給他，這一邏輯清楚地顯示出財富相對累積在王身上的原因。在文明肇始之初，財富相對累積在少數人身上是不是一種必要條件？這理由來自宗教，來自初民的獻祭是不是一種普遍情況，才能判定這是否為一必要條件。

王作為神的子孫，理所當然成為民與神之間的橋樑，成為溝通的媒介，在祭祀的角色中，他理當扮演祭司。在最原始的獻祭中，祭壇上的帶領者，通常扮演著「神聖的動物」或「呈現動物型態的神」那樣的角色，[65] 最後跟著祭品一同犧牲，流血，死在祭壇上。或許，當我們讀到商朝的開國主湯，為了天災，為了他的百姓自我

---

[64] 「在古墨西哥，人牲向神貢獻出人身上最寶貴的東西：血。祭禮中的食人習俗嚇壞了西班牙人，但對土著來說，接受神的旨意，一種真正的領聖體。」Serge Gruzinski：《阿茲特克：太陽與血的民族》，頁 49。

[65] 湯淺博雄，趙英譯：《巴塔耶：耗盡》，頁 233。

獻祭而死的時候，這只是一種原初的獻祭的故事的重演。

重點是，根據由消盡而來的至高性之原則，王，本來就該死在祭壇上。民，跟隨著功利性的迴路生活，生產，製造物資。然而王是在這物世界的邏輯之外。只有遵守著消盡的原則，在祭祀中不求任何回報的被消耗掉，王才得以成王。王只有作為消耗瞬間的才能存活者，他是唯一不服從「物」的邏輯的存在者。[66]在王自我消耗的瞬間，神聖的維度就被打開。

十九、獻祭時的民

獻祭的民，在見識到王之死時，必然也感受到神聖的維度。民當然要獻祭，因為獻祭的元素是死，是血，是禁忌的打破。是對俗世界的否定。

在將生產品毫無保留的消耗掉的瞬間，民內在的某些東西被破壞，他離開了物世界的思維，而在注視著走向死亡的動物而體會死亡的經驗中活著。「獻祭也不乏這樣的意義：從根本上來看，它甚至在恐懼中達到了在場者有能力承受的焦慮的極限。」[67]我們說過，死是禁忌。然而禁忌意味著禁止，也意味著引誘。獻祭的時分，人體會著誘惑。並且，因為死所打開的聖世界中，一切不依著算計的邏輯，那麼，人看著死亡的發生，同時也不自覺地恐懼自己毀滅在死亡的慾望中。或許，我們在

---

66 Georges Bataille, *Essential Writings*, p.309.
67 巴塔耶，《色情史》，頁88。

此就見識到了，為何神聖這個詞，最早有它來自宗教基礎方面的神秘驚恐與污穢。因此巴塔耶說：「牲者死亡，因而見證者參與了牲者之死所反映的元素。這即是對我們還有宗教史家們之所以可能稱之為神聖性的元素。神聖之處即在於一隆重的儀式中，那些聚焦於存有者之斷裂之死亡的人們，他們自身的存有連續性將因此揭露開來。」[68]

於此同時，死所帶出的聖世界可以讓人從這世界的臣服性中移出來。畢竟，由有用性構成的俗世界終究是貧乏的。民當然希望參予這種至高維度的無邊連續性的幸福當中，這是他們甘願奉獻的原因。

當我們看到那麼多的青銅器陪葬在王的墓穴時，一方面體會到百工受到物世界功利性挾制的無情，一方面，或許，百工知道自己的成品將在祭典中派上用場，邁向聖神性深深的維度。

---

68 英文譯文為"The victim dies, thus the witnesses participate in an element which his death reveals. This element is what it is possible for us, along with religious historians, to call the sacred. The sacred is precisely the continuity of being revealed to those who fix their attention, in a solemn rite, on the death of a discontinuous being." Georges Bataille, *Erotism : death & sensuality*, p.22. 巴塔耶此段話的意思即為，透過觀看在犧牲中的死亡，讓我們認同了同一那正回到連續性當中的犧牲品，而不用自己親身受死。這樣的理論進一步地發揮，即成為了巴塔耶文學觀點的發揮，尤其契合了吾人觀賞悲劇時的理論。或見原文 Georges Bataille, *L'érotisme*, p. 29.

二十、獻祭時的物 ─ 人牲

讓我們轉換個視角，接下來質問，祭台上的王與觀禮的民，如何看待身為祭品的人牲。究竟祭禮上的眾人都樂意犧牲這些奴隸嗎？或者他們已經有了現代人的眼光，同樣認為這是殘暴的野蠻行為？

依總體經濟學而言，現代是一資本主義的社會，我們活在一個生產（production）的時代，但巴塔耶說，在古代，那是一個耗費（consumption）的時代。古代人就是如此關心著獻祭如同我們現代人關心著工作一樣。[69]古代人之所以關心消盡，乃因「獻祭回復了被奴用（servile use）所降級，所世俗化了的聖世界。」[70]人總是試著要逃離這功利性的，世俗的勞動與世界，「在他的奇瑰的神話中，在他殘酷的儀式中，人就在尋找與最初的那種失落的親密。」[71]

獻祭不必然，也不真正地摧毀了那些被獻的動物或植物。這些動植物因人類之所用（use）而成為了的物（thing）。毀壞（destruction）乃是最佳的手段，去否定人類與這些動植物之間的功利性關係（utilitarian relation）。[72]這些祭品的物性，它們成為被使用的那種

---

69 Georges Bataille, *Theory of religion*, p. 46. 譯文為："Theywerejust as concerned about sacrificing as we are about working"。

70 Ibid., p. 55. 或見原文：Tome Ⅶ, pp. 61.

71 Ibid., p. 57. 或見原文：Tome Ⅶ, pp. 63.

72 Ibid., p. 56. 或見原文：Tome Ⅶ, pp. 61.

物的狀態，必須要被摧毀。因此，祭儀的功能即在於「重新恢復獻祭者與祭品的親密共享（intimate participation）」[73]。然而，耗費掉這些物，不像是汽車使用燃料那樣的意義。獻祭者與祭品之間的共融（communion），亦不像如人類攝取食物的那般分享的意義。

本來在物世界裡的邏輯中，對人最深的奴役，乃是發生在戰爭的時刻。那時，戰爭者將他的客體異化成奴隸。俗世界的成形乃由對物的定位而來，那麼，奴隸的位階確立了完全的降級（reduction）；若沒有奴性／奴隸，物世界就不會完滿[74]。該如何運用這些有用性中的奴隸，就成了主人最深的欲望。既然這些奴隸完滿了物世界的規則，那麼，就只有在將這些人類實體耗盡掉，才能完全顛覆物世界功利的迴路。的確，在血與死的時刻，巴塔耶說，「這種程度的耗盡會帶來最大程度的噁心（malaise）。」[75]

然而，在論到人祭的問題時，巴塔耶將消盡的精神辯證到最極至。「問題不是殺，而僅僅是放棄，是使純粹的贈予（le don pur）的維度顯現出來。」[76]獻祭是一種贈予，但卻是一種「純粹的贈予」。這是指完全不期待回報的消盡，將人牲單純的贈送出去。這樣，就更超

---

73 Ibid., p. 56. 或見原文：Tome Ⅶ, pp. 61.

74 Georges Bataille, *Theory of religion*, p.59.

75 Ibid., pp. 60-61.

76 湯淺博雄，趙英譯：《巴塔耶：耗盡》，頁 200。

越了殺戮與流血，而直指更後面完全奉獻的心態。

　　對於這些作為牲品的人類而言，「犧牲品是從大量的有用財富中挑選出的剩餘價值。此牲品之被剔除，乃為成就無回報的耗費（consumed profitlessly），因此全然被毀壞了。一旦被選取了，他就成了被詛咒的貢獻（the accursed share），命定要被暴力地消費掉。然而，這項咒詛卻將他拖離了事物的體系。」[77]這個咒詛給了他一個被認可的角色，散發著存有物的親密、苦痛之感（intimacy, anguish, the profundity of living beings）。

　　巴塔耶在論到人牲的結論時這般深沈地說：被犧牲者是唯一為全然地離開這實在的體系之人。剩餘者將留下來，面對沈重的未來，繼續負擔著作為物的沈重。[78]

　　因此當我們看到傳統對人祭有用性的解釋時，如人祭是因為相信商王死後要到另外一個世界繼續生活，所以殉葬大量活人，以供其在死後役使；這樣的解釋還只是在功利的迴路裡打轉，無法解釋王與民為何如此熱衷於祭祀。只有神聖維度的打開才能詮釋這種單純給予的心態，而不僅僅是流血與死亡。

　　或者當我們看到商湯為祈雨而「以身為犧牲」後，民見著王／牲品的死，民的反應是「大悅」，而後雨乃

77　Georges Bataille,*Theory of religion*, p.59. 或見原文：Tome Ⅶ, pp. 64. 這是一段至關重要的引文，由其中，吾人可讀出，巴塔耶將這本書命名為「被詛咒的部份」之意義，也可看出巴塔耶整體經濟學之真義。

78　Georges Bataille, *Theory of religion*, p.60.

大至。可見以人為牲，在先民的想像中，人祭不是大問題。不僅只看到其中的殺戮與流血，還為這種奉獻感到深深的喜悅。

二十一、結　論

如果本文的推論無誤，那麼，充滿著有用性的文明乃是起源於利害關係之外對物的耗盡，在這樣的耗盡中開展出迥異於文明世界的聖世界，並且在其中，人累得筋疲力盡；弔詭的是，人在俗世界中被宰制地筋疲力盡，在聖世界中也被驚恐累得筋疲力盡。

張光直先生還有一句話值得玩味，他說：「物質文化越無用，文明在我們眼中就越顯得清晰。」[79]這的確是消盡的精神。文明在無用之用中顯得越清晰。並且，人為了與自我保存無關的事情累得筋疲力盡。

本文的寫作或許稍微詮釋了為何文明的開展總是發生在政治神權的型態下。當然，在中國思想史的角度下，值得追問得是，為何殷代人殉的獻祭，到了周朝便完全消失了呢？這與傳說中的「制禮作樂」有關嗎？或許那真是思想史上一個極佳的分界點，才會在孔子口中稱讚不已。

---

79 張光直，毛小雨譯：《商代文明》，頁352。

自虐與凝視：陳界仁的
創作與西方之凝視*

一、前　言

　　90 年代以來，陳界仁有一系列「魂魄暴亂」的創作，取材來自歷史中的刑罰之照；這些刑罰之照多是斷頭犧牲的模式，陳界仁何以著迷於這樣的歷史圖像？本文嘗試以巴塔耶的思想解釋之。另外，陳界仁刻意將己身置入「魂魄暴亂」系列中，成為其中的被砍頭者及看客，造成反身性凝視，何以陳界仁何以執意成為歷史事件當中的被砍者、觀看者？本文整理了巴塔耶理論與佛洛伊德施虐／被虐的三階段論，用以解釋陳界仁的精神狀態。通過佛洛伊德的理論，可知「砍頭—看客」結構中蘊含著「被看—看」、「被虐—虐人」這兩兩相成的對立結構，從而解釋了陳界仁的自虐受虐。然而，本文將論證，一再地翻攝舊中國的歷史之照，只是逼使後世去

＊ 本論文之研究，是在兩年度科技部計劃補助支持下完成的：「自虐／虐人的犧牲劇場：魯迅 —— 從「頭」講起」（NSC 104-2410-H-119-011。104 年度），論馬內畫作：以巴塔耶與傅科的藝術思想論之（NSC 103-2410-H-119-010-，103 年度）。

回憶不堪的惡習或悲憐國族衰弱史。且當陳界仁將自身化為被刑罰者被砍頭的圖像時，是把砍頭真當回事，反倒讓自己成了那在舊中國中被規訓的肉身。

並且，本文更關注「魂魄暴亂」中〈法治圖〉這幅創作，陳界仁在其中扮演了指揮二次霧社事件的日本軍國主義者，成為行刑者（施虐者）；這施虐者的角色是佛洛伊德所沒有解釋的，而必須援用拉岡的大他者與凝視理論來加以討論。本文最終將證明，當陳界仁扮演起行刑者時，已認同了日本軍國主義下的執行者，同時被「內在的施虐自虐／外在的日本殖民主子」所凝視著。

最後，我們將透過「平埔母子像」來談論西方帝國觀點下的東方主義式的凝視。

二、陳界仁的創作「魂魄暴亂」

1996 年，陳界仁開始一系列「魂魄暴亂」的創作，1996 年到 1999 年，完成了名為「魂魄暴亂」的作品（包括了〈本生圖〉（1996），〈去勢圖〉（1996），〈自殘圖〉（1996），〈法治圖〉（1997），〈失聲圖〉（1997），〈恍惚相〉（1998），〈連體魂〉（1998），〈哪吒相〉（1998），〈瘋癲城〉（1999））。這一連串作品並非陳界仁憑空創作而得，它們大多取材自歷史中的刑罰之照。原本的歷史圖像本已是畸零怪形（斷頭僅基本裝置）。而陳界仁於再創作中予以擴大形變，荒謬恐怖與怪誕效果倍增；創造出奇妙的恐怖美學。

　　值得注意的是，幾幅作品中，陳界仁刻意將己身置入其中，把自己變成了歷史事件當中的受難者、旁觀者、或行刑者。

　　以下一一介紹「魂魄暴亂」的作品，由〈自殘圖〉先談起。

（一）化身為看者與被砍者的〈自殘圖〉、〈本生圖〉

　　1.〈自殘圖〉乃兩張照片合成而得。兩張照片分別佔據〈自殘圖〉的左右側。左邊之圖拍攝於 1928 年的東北，是張作霖清黨時期的影像。據陳界仁自述：「右半邊則是修士頓（Jay Calvin Huston）於 1927 年國民黨清黨時期在廣東所拍攝的照片。」[1]〈自殘圖〉中，被砍頭

陳界仁作品：自殘圖

---

1 劉紀蕙：〈「現代性」的視覺詮釋 —— 陳界仁的歷史肢解與死亡鈍感〉，《中外文學》30:8（2002, 1），頁 58。

的兩個人都被置換為陳界仁自身。另外，圖片中間，有
一雙軀之人正彼此砍殺著。圖片的左後方，則另有一名
看客，此看客亦是陳界仁的分身。於是，〈自殘圖〉之
中，陳界仁既是觀看者也是被砍者，同時佔據著「砍頭—
看客」兩種身份。

　　2.其次是〈本生圖〉。〈本生圖〉乃轉化法國哲學
家巴塔耶著作《愛慾之淚》（Les larmes d'Éros）中的「凌
遲之照」而來。該圖中，陳界仁將原先的被凌遲者改為
雙頭雙身，讓他怪異而荒誕，刻意突出被虐者的焦點。
此外，陳界仁同樣讓自己成為〈本生圖〉左後方的觀看
者。〈本生圖〉中，陳界仁同樣佔據著「砍頭—看客」
兩種身份。一時之間，陳界仁橫越文本，進入到巴塔耶
《愛慾之淚》的書籍內頁，同時一併回到了 1905 年北京
市郊正進行著的行刑現場。巴塔耶哲學與陳界仁創作理
念之轉換，留待下文討論。

陳界仁作品：本生圖　　　　　《愛慾之淚》凌遲之照

（二）作為觀看者（行刑者）的〈法治圖〉

「魂魄暴亂」系列中，最引起筆者關注的，是 1997 年〈法治圖〉。該圖源自 1930 年霧社事件結束後再發生的二次霧社事件。「二次霧社事件」是歷來後代對此事經過的通稱。1931 年日人平定賽德克 Tkdaya 六族的暴動後，將剩餘兩百多名抗暴族人安置在收容所中，卻遭到同屬賽德克亞族的 Toda 族在一夜之間殺戮了一百多人。[2]事件後，日本警方、砍頭的 Toda 族人、與被斬首的一百多顆頭顱一同留下了一張令人不忍卒看的照片。

第二次霧社事件的照片

---

2 賽德克族又可分為三亞族，分別是：Tkdaya（德固達雅）、Toda（道澤）、Truku（德路固），其中 Tkdaya 的六部落群起反抗日人，發動了霧社事件。礙於漢語翻譯殊異，本論文中談論到此三亞族時，統一採用羅馬拼音。

　　2000 年以前，尚未有「賽德克」此一後來得以正名之族名。千禧年之後，賽德克遺族們開始建構起自我觀點，他們以事發當事人的角色，紛紛對父執先祖當年的行動做出不同解讀。也因為詮釋的報導人來自賽德克的三個不同亞族 —— Tkdaya, Toda, 與 Truku 三方，讓外人首次聽到來自事發族群的內部聲音。Tkdaya 亞族中的六部落當年曾直接參與起義，Toda 則在事後加入日方的征伐軍，二次霧社事件中殺了一百多位 Tkdaya 族人，是氏族彼此之間的殺伐。三亞族對 1930 年事件的解讀完全分歧。更不用說與傳統官方一言堂的詮釋被反（日方說是番人反抗，國民政府[3]把領袖莫那・魯道說成是民族英雄）[4]。

　　〈法治圖〉改造自二次霧社事件那張不忍卒看的照片。陳界仁介入〈法治圖〉當中，他將自己化身為圖像中央的日本巡佐小島源治（是圖像中唯一的殖民主日

---

3 1930 年發生的霧社事件震驚中外，是至今國人最為熟知的原住民歷史事件。但事件發生起因眾說紛紜，迄今各方詮釋仍餘波蕩漾。1931年，當事件安定之後，日人將之定調為番人野蠻反抗情事。但二戰之後，國民政府將莫那・魯道之抗暴解讀為抗日英雄，符合其八年抗戰史觀，1953 年，國民政府立廟祀奉莫那・魯道，封為烈士。1974年，國民政府又建立紀念碑，厚葬莫那・魯道。然而，日台兩政府對霧社事件的解讀，都是操弄的政治意識。90 年代後，來自賽德克本族的聲音開始出土，又因為賽德克亞族彼此之間對事件解讀之分歧，而使得霧社事件之詮釋更莫衷一是。

4 「二次霧社事件」是日本官方既定的通稱。若「一次霧社事件」在日本人眼中代表著野蠻番人對文明領主國的反叛，則「二次霧社事件」是同為賽德克的 Toda 人在日人的懲惠利誘下所發動的族群內部屠殺（出草）？

人），在他身邊，是一群蹲坐著的 Toda 族人，地上擺放著 Tkdaya 族人被砍下的 101 顆頭顱。顯然，陳界仁非常著迷於這種斷頭犧牲的模式。〈法治圖〉是陳界仁在世紀交接之際，賽德克本族開始發聲之時所選擇的圖像創作。問題有二：1.陳界仁是否知曉族群內部的爭議？2.他選取了恐怖至極的斷頭之照，取名為「法治」圖，其意為何？

陳界仁作品：法治圖

如果依以上兩幅〈自殘圖〉、〈本生圖〉之邏輯，陳界仁若同樣欲介入影像之中，他大可成為圖像中的觀看者或被砍者。但，何以〈法治圖〉中，陳界仁將自己化身為日本巡佐（且這位此名日方殖民巡佐應當就是指使二次霧社事件發生之人）。筆者以為，此點深值玩味。

三、「魂魄暴亂」之解讀，兼及巴塔耶的理論

（一）〈自殘圖〉與魯迅「幻燈片事件」

我們不知道，陳界仁是否知曉〈自殘圖〉原右圖史實與魯迅之關係甚深。「1927 年國民黨清黨」，顯見就是 1927 年 4 月 15 號國民黨在廣州的清黨行動。其時，魯迅正於廣州中山大學任教，見證許多青年學子遭屠殺；因 415 事件，魯迅對革命一事心灰意冷，由此辭退了中山大學的教職而遷居上海。[5]

如若〈自殘圖〉原圖史實與魯迅相關，那我們可將〈自殘圖〉延伸談論至魯迅著名的斷頭—看客之「幻燈片事件」，顯然，陳界仁對兩者背景是熟知的，該是他創作的理據之一。魯迅的「幻燈片事件」早已成了著名的啟蒙劇場，讓他走上了棄醫從文，大病文人醫的現代性救國路數。楊澤說：「不可諱言，魯迅一直對『砍頭示眾』的場景有份不可思議的迷執；在他的小說、散文裏，我們看到他反復地回到此一受難的原址，徘徊不去。」[6]同樣的，我們也要藉此質問：為何陳界仁對此砍頭示眾的原初場景如此執迷？陳界仁曾說：

> 我想到魯迅因為在日本求學時，看到日

5　從 1927 年前後魯迅寫作的《野草・題辭》，可見其內心之幽微黑暗。
6　楊澤：〈恨世者魯迅〉，收入楊澤編：《魯迅散文選》（臺北：洪範，1995），頁 21。

本人拍攝中國砍頭的刑罰幻燈片，刺激了他後來的文學創作，這也是我認為「被攝影者的歷史中重要的一刻，一個通過觀看的折射所創造「重新敘事」的行動。另外蔣渭水臨終前與家族、同志的合照，也同樣是一個關於凝視的重要一刻，那是一個有意識穿越當下攝影機，向未來說話的凝視，被攝影者將自身為主體且發言的影像。這兩個例子：魯迅是由觀看者轉為敘述者，蔣渭水由被攝者轉為凝視者。這兩種態度，某方面構成我想延續的精神，一種具反轉能力的觀看精神。[7]

的確，幻燈片事件讓陳界仁在凝視／行動間有所反思。而，幻燈片事件隱含的戲劇觀看，在砍頭示眾中有魯迅最痛恨的看客（那些精神麻木的中國人），成「砍頭—看客」之結構。「砍頭—看客」中，往往在魯迅其他文學文本中又揉雜出「被看—看」、「被虐—虐人」之結構。「被看—看」、「被虐—虐人」這兩兩相成的對立結構，同樣出現「魂魄暴亂」系列。我們將在下文討論之。

---

7 鄭慧華：〈充滿想像、並且頑強的存在 —— 與陳界仁對談〉，《現代美術》112（2004.02），頁30。

（二）〈本生圖〉與巴塔耶《愛慾之淚》中的凌遲之照

上文所提到的〈本生圖〉原出處是民前六年中國人被「碎屍萬段」之照，參考自當代法國思想家巴塔耶生命中最後一本出版著作《愛慾之淚》，乃法國士兵於北京所拍攝。《愛慾之淚》[8]最末篇章，巴塔耶討論了數張中國犯人被凌遲的照片。據巴塔耶自述，他早於 1925 年便從一精神分析師處得到凌遲照片。巴塔耶說：「這是通過影像對我們所展現也引起我們的最為噁心的世界。」[9]並且，「這些照片在我的人生中有著決定性的角色。我從未停止著迷這些既痛苦，也曾是狂喜與令人無法容忍的影像。我好奇著，薩德侯爵將會如何思索這些影像」[10]。

凌遲系列照片同樣是中國人的「示眾」，同樣充塞著人潮洶湧萬頭鑽洞式的戲劇的看客，仍有中國人麻木

8　《愛慾之淚》出版於巴塔耶過世的前一年（1963）。該書言簡意賅，可視為巴塔耶一生哲學之濃縮精華。全書從史前的洞穴壁畫談起，一路途經希臘時代、基督教信仰、以致於十九世紀現代性觀看視野之濫傷。「凌遲之圖」置於全書卷尾，不僅是《愛慾之淚》之終，亦可視為巴塔耶哲學之總結；其意義不可謂不大。在聯結薩德／巴塔耶、濫費思想、或總體經濟學的路徑上，「凌遲之圖」都有特殊位置。

9　Georges Bataille, *Œuvrescomplètes X*（Paris: Gallimard, 1987）, p. 627.

10　Ibid., p. 627.

看戲的國民性，也就符應了魯迅的「幻燈片事件」。凌遲之照中「砍頭 —— 看客」的痛苦與狂喜交雜，讓巴塔耶與陳界仁都執迷。正因為如此著迷於巴塔耶，到了 2003 年，陳界仁則在「魂魄暴亂」的基礎上，創作了新的錄像作品〈凌遲考〉。〈凌遲考〉的基礎同樣奠基在凌遲之圖。[11]

陳界仁錄像作品：凌遲考

11 〈凌遲考〉當年發表後引起轟動，後由北美館收藏。其錄像畫面由 1905 年被行刑的犯人動作開始，進入了這受刑者被凌遲後其胸口所留下的兩個巨大傷口。在這兩個傷口來回穿梭間，重新演繹了「魂魄暴亂」系列作品中的凝視／被凝視／再凝視的思考過程。那兩個巨大闇黑的傷口，是通往過去與未來的通道，鏡頭穿梭之間，陳界仁讓觀者重新看到了被英法聯軍、八國聯軍摧毀的圓明園、日本 731 部隊在哈爾濱的人體實驗室、台灣冷戰時期的政治犯監獄、跨國企業遺留在台灣的重污染地區，以及剝削廉價勞動力的加工廠，據陳界仁自己說，這些歷史事件，其間的連續與被凌遲是從未結束的。

（三）對陳界仁作品之反省

　　以下，我們進行對陳界仁這一系列作品之反思。〈本生圖〉〈凌遲考〉都源自於 1905 年的中國凌遲之照，可見凌遲之照對陳界仁的影響。其中一個重要原因，即是陳界仁著迷於巴塔耶的愛慾論（eroticism）。

1.巴塔耶愛慾論

　　凌遲系列作為巴塔耶一生著述最末的結語，實有其非常意義：乃因凌遲系列體現了巴塔耶重要理論「愛慾論」的終極精神。正是在文學、宗教、藝術、人類學等相關領域中，巴塔耶致力探索著人類經驗的極限。對巴塔耶而言，人類經驗界限的內外即是同質性／異質性之分（或日常／非常，世俗／神聖之分）。終其一生，巴塔耶好奇著日常真實之外的超真實，如神聖之獻祭。對巴塔耶而言，愛慾與宗教具有相同的本質，即是禁止某些行為（視為罪），但禁止就標示出逾越，禁止／逾越（越界）是一體兩面。巴塔耶說：「禁令決定它所拒斥之物的價值 ── 原則上是危險的價值：粗略來說，這個價值是創世紀第一章『禁忌的果實』的價值」[12]。這種愛慾的狂暴就與死亡的本質一般。

　　以上，稍稍解釋了巴塔耶愛慾論，可知道陳界仁為何創作「魂魄暴亂」系列與〈凌遲考〉，因為這些現代

12　Georges Bataille, *Œuvrescomplètes X*, p.618.

中國的歷史影像本就蘊含了歧義／異質的暴力與死亡因子。透過改編這些歷史圖像，死亡之踰越／禁忌的兩面性自然滲透在〈本生圖〉、〈自殘圖〉、〈法治圖〉、〈凌遲考〉之中。

2.迴向及向未來主動性的笑？

　　論到凌遲之照時，陳界仁與巴塔耶一樣，都論及受刑者那抹淺淺的微笑。陳界仁問：「這個『困惑』的漩渦 ── 這個承受凌遲酷刑的受刑者，為何『微笑』？」[13]。本來，該受刑人在千刀萬剮中該是極度痛苦，但照片之人卻莫名地興發出一抹淺淺的微笑？這微笑招喚著陳界仁。

　　對那微笑，巴塔耶說是狂喜與愛慾的宗教式展現。而陳界仁認為：「凌遲受難者由恍惚至狂喜的狀態，是從被灌食鴉片下，所引起的生理恍惚，到具有主動性的狂喜微笑。……在歷史照片中凌遲受難者的淺淺微笑，是在被灌食鴉片、被束縛、被肢解、被拍攝的完全被支配下，具『反擊的、主動性的微笑』，這不僅僅只是狂喜，同時，更是微小卻充滿反抗能量和主動性的笑 ── 一種凝視未來的笑。」[14]意即，受刑人那抹微笑是一種主動性的向未來的笑。是在向未來後世的觀看者所笑，讓

---

13 陳界仁：〈凌遲考─創作自述〉，「伊通公園」網站（http://www.itpark.com.tw/artist/essays_data/10/842/73），收錄日期 2014, 12, 10。

14 鄭慧華：〈被攝影者的歷史 ── 與陳昇仁對談：「凌遲考：一張歷史照片的迴音」〉，《典藏今藝術》129（2003, 06），頁 200。

那些後世如你我的凝視者，為其所笑所困惑。

而這微笑的第二種解讀，陳界仁則認為是顯示出佛教的「迴向」[15]精神。他說：「對我而言，這個令人困惑的「微笑」，既存在著佛陀談論其前世被處以凌遲酷刑時，在身體被肢解剖開的當下，他的意識同時也開放包容了施刑者與無明世界的體悟；……基督徒在十字架上的默禱，和佛教徒在屍骨堆上的禪定。」[16]於是這樣的微笑彷彿更是受難者對觀者的救贖。

3.帝國主義／殖民主義的「肢解技術」

另外，陳界仁又說，當那受凌遲的身體與法國士兵的相機相對視那一刻，呈現出了封建國度下的律法殘酷，「也『預示』了非西方世界的『現代化』經驗 —— 帝國主義／殖民主義以『現代化』之名，對被殖民者／被攝者施加各種新型態『肢解技術』的處境」[17]。

4.觀看的高潮

陳界仁在受訪時曾說：「刑罰作為一種排除構造的

---

15 佛教語，把自己修成之功德迴轉給期望的對象，給眾生或給佛道。如《大乘義章》：「言迴向者，回己善法有所趣向，故名迴向。」

16 陳界仁：〈凌遲考—創作自述〉，收錄日期 2014, 12, 10。「我想這種由恍惚至狂喜的微笑，暗喻著一種在全球化下，去違背支配者所宰制地「新秩序」的態度。這是一種相對於新秩序的「瘋癲式的覺醒」，更是一種主動的文化策略。」鄭慧華，〈被攝影者的歷史—與陳昇仁對談：「凌遲考：一張歷史照片的迴音」〉，頁 200。

17 陳界仁：〈凌遲考—創作自述〉，收錄日期 2014, 12, 10。

具體化儀式，在虐與被虐的糾纏中，旁觀者的參予觀看，使得刑罰的行為滲入了觀看，觀看 —— 是刑罰儀典的真正高潮，一種使『後延』發生的高潮。」[18]的確，陳界仁顯然清楚刑罰示眾的曖昧性，並不是殺戮／死亡本身佔據著犧牲儀典的中心點，而是 ——「觀看」，構成了儀式中的高潮（這就來到了魯迅「幻燈片事件」的癥結點）。

　　作為一位慧詰的，傑出的錄像藝術家，陳界仁深知，若沒有圍觀庸眾注視的目光，則犧牲別無高潮，砍頭儼然平庸了。於是，陳界仁不僅著迷於「觀看」，他更實際「進入」歷史圖像現場去觀看。

　　然而，筆者質疑的是，這不就落入了王德威的質疑：「魯迅的敘事位置是『觀看』中國人『觀看』殺頭的好戲。這種遊離位置引發了道德的歧義性。當他斥責中國人忽略了砍頭大刑真正、嚴肅的意義時，他其實採取了居高臨下的視角。他比群眾看得清楚，他把砍頭『真當回事兒』。但試問，這不原就是統治者設計砍頭的初衷麼？」[19]

　　無論如何，當陳界仁選擇了「魂魄暴亂」系列與〈凌遲考〉之合成相時，他已然（自覺／不自覺？）鑲嵌進

18　鄭慧華：〈被攝影者的歷史 —— 與陳昇仁對談：「凌遲考：一張歷史照片的迴音」〉，頁 200。

19　見王德威：《歷史與怪獸：歷史，暴力，敘事》（臺北：麥田出版社，2004），頁 138。

入魯迅式「砍頭 —— 看客」之犧牲模式。魯迅本是厭惡「砍頭 —— 看客」的幻燈片，但陳界仁卻迎上前去創造這般圖像？

5.感興趣的不在國族歷史？

作為一位視覺／錄像藝術家，陳界仁對於觀看模式非常敏感。在文本內外／歷史前後，他都提出了互文涉入的見解。除了巴塔耶以狂喜與極限經驗對這凌遲身體的解釋外，一再選擇歷史題材的原因，陳界仁說：

> 我儘可能選擇那些歷史事件不明的刑罰照片。被刑罰者是一個無法逃脫的「被攝者」。一個無語的人，即便是死亡也無法逃脫。我感興趣的不在國族歷史；而是在影像歷史中，因為事件與被攝者的無語和不確定下，所形成的「恍惚」和難以言說的「斷裂」。[20]

在這段話中，陳界仁說之所以選擇歷史事件不明的圖像，乃因「感興趣的不在國族歷史」，而在被攝者的

---

20 鄭慧華：〈被攝影者的歷史—與陳昇仁對談：「凌遲考：一張歷史照片的迴音」〉，頁 197。而在〈招魂術〉一文中，陳界仁說：「我所關心的歷史，是在那被合法性所排除的「歷史之外」的歷史，那屬於恍惚的場域，如同字詞間連接的空隙，一種被隱藏在迷霧中「失語」的歷史，一種存在我們語言、肉體、慾望與氣味內的歷史。」陳界仁：〈凌遲考 —— 創作自述〉，收錄日期 2014, 12, 10。

「恍惚」與難以言說的「斷裂」。陳界仁真的對國族歷史不感興趣？[21]

（四）第一階段總結

綜合以上論述，不論陳界仁是著迷於愛慾論，或好奇帝國主義／殖民主義「肢解技術」下凌遲之人那抹微笑？抑或不在意國族歷史而只在乎刑罰儀式下那「觀看的高潮」。不論是哪一種，都沒有解答出作為創作者的陳界仁，為何要將自己置入歷史圖像之中？正如他將自己擺入〈法治圖〉、〈自殘圖〉、〈本生圖〉那般。尤其是在〈法治圖〉中，陳界仁並不是扮演看客或被砍者，而是化身為二次霧社事件的教唆者。

歷史中、凝視中的裂隙，陳界仁執意要站在其中。於是，陳界仁對自己藝術創作所欲的理念表達，還不是最值得玩味推敲之點。或許如劉紀蕙所說，陳所展現的症狀，他「被壓抑排除的記憶之復返與展演」或「他被『創傷』所捕獲、箝制而迷戀的狀態」[22]才更值得論述深思。

---

21 陳界仁：〈招魂術—關於作品的形式〉，收錄日期 2014, 12, 10。
22 劉紀蕙：〈「現代性」的視覺詮釋 —— 陳界仁的歷史肢解與死亡鈍感〉，頁 65。劉紀蕙說：「在陳界仁的圖像中，除了他所要揭露與批判的意圖之外，我們其實也看到了他被「創傷」所捕獲、箝制而迷戀的狀態。」或「除了歷史時期的主導意識形態與各種小系統會造成表義與詮釋的歧異之外，圖像構成本身所具有的『負面』狀態，更可以具體提供我們有關主體對於歷史的複雜態度。『負面』的底層意義，便是如佛洛伊德討論無意識狀態時所引用的暗喻一般，像是底片一般，無意識狀態在顯影之前便已經以結構的方式存在。」（頁 67）。

於是，筆者質疑著：

1.這些影像作品，示眾的盛舉，恐怖的圖像，本質上就是刑罰的，其恐怖之本質無論如何無法抹去。一再地翻攝舊中國的歷史之照，不就一再逼使後世去回憶不堪的惡習或悲憐國族衰弱史？（其中真有迴向之舉，或就此得以控訴帝國殖民主義？）陳界仁說他不關心國族史也不關心救贖，恐是違心之言。

當陳界仁由凌遲之圖的微笑聯結佛教之迴向時，他提到的是耶穌在十字架上的受難或佛教徒在酷刑下的禪定。然而，當吾人觀看「凌遲之圖」或改造成的〈本生圖〉時，真可湧現宗教徒的慈悲憐憫心？而這些影像中的權力景觀，展現的究竟是蠻荒中古世紀式的懲罰知識，還是真如陳界仁所說，真能逼使觀看者去逼視殖民帝國者的肢解技術之惡？

2.當陳界仁將自身創作為被刑罰者被砍頭的圖像。他並沒有散發出聖徒般迴向之看。而是陷入王德威所言，把砍頭真當回事，結果執意只是讓自己成了那在舊中國中被規訓的肉身？

3.為何要當行刑者？

陳界仁所置入的觀看者／犧牲者／行刑者的三重角色中，〈本生圖〉中行刑者的角色最令人疑竇。該影像中的日警小島源治，乃日人理蕃警察，是「霧社事件」中極具爭議性的人物。據史實，小島源治的妻小皆於第一次霧社事件中喪生，事後，小島源治引導 Toda 群投

入日陣營的「味方蕃襲擊隊」，平定了第一次事件。一般據信，他是引發第二次霧社事件的日方關鍵人物。事件後小島源治於川中島續任警務工作，監督及教導餘生族人。正因為其教唆了賽德克族人間彼此獵首的殘酷至極的二次霧社事件，小島源治無疑背負了許多罪愆。

綜合以上，陳界仁不僅喜歡觀看，他還喜歡被觀看。他喜歡被砍頭（被虐），也喜歡砍頭（虐人）。在窺與被窺，虐與被虐之際，陳界仁都踴躍嘗試。其虐人自虐的狂喜是昭然若揭的。且，得到了一種虐人自虐的狂喜？筆者質疑，改造的〈法治圖〉，完全無法體現陳界仁所欲達成的，理解現代性下殖民前後被殖民者／被攝者被技術肢解的處境。關於此點之詮釋，必須一路追索至文末方有答案。以下，筆者先將借重心理分析的談論來診斷陳界仁「被『創傷』所捕獲、箝制而迷戀的狀態」。

四、佛洛伊德「虐／被虐」三階段辯證

在窺／觀看與被窺／被觀看，虐／砍頭與被虐／被砍頭的心理機制考察中，佛洛伊德無疑是最重要的理論始祖，他關於施虐／被虐有著三階段的辯證，能充分說明著享受痛苦的心理經濟學。爾後拉岡繼承了佛氏，提出了施虐／被虐的「絕爽」（jouissance）概念。[23]筆者

23　"Jouissance" 多被譯為「絕爽」或「痛快」，前者接近音譯而後者指出了 jouissance 一字中虐與快感的雙重矛盾義。本文將視上下文之需要而決定譯名。

以為，極適合用來詮釋魯迅與陳界仁的「砍頭—看客」模式。先從佛氏理論談起。

　　佛洛伊德關於虐待與被虐的談論，有幾個時期的變化：最早於 1915 年《驅力及其變異》（"Instincts and their vicissitudes"）一文，討論虐待與驅力之關係。而到了 1919 年《一個小孩被打》（"A child is being beaten"）之文章，他則由上文所提的虐待自虐三階段來談論。到了 1920 年《超越快感原則》（"Beyond the pleasure principle"），佛氏正式提出了死亡驅力，以作為生命驅力的對立。於是在 1924 年的《虐待狂的經濟問題》（"The economic problem of masochism"），佛洛伊德則正式把死亡驅力與虐待問題連接。[24]

　　本文僅從論文《一個小孩被打》談起。1919 年《一個小孩被打》的文章中，佛洛伊德以孩童之幻象／幻想[25]來討論強迫性精神官能症（obsessional neurosis）之緣由；我們將由此論證「虐人」「自虐」間的精神能量轉換。後來拉岡亦深刻分析了此一文本。

---

24 當然，在佛洛伊德著名的《文明及其不滿》（"Civilization and its disconents"）（1930 年）中，死亡驅力、性、與虐待被更深一層地聯結討論。

25 幻象（phantasy），是拉岡與佛洛伊德的重要術語。在回應外在經驗時，幻象的能力是將這些雜多的經驗解釋為「可欲望的」或「如何被欲望的」，對於解釋人類的生命欲望，幻象是不可或缺的。幻象與現實的關係是，吾人透過幻象去建構並認識現實，現實並非僅只是雜多經驗的物理性質，而是在幻象被欲望招喚出來下所建構出的充滿意義的現實。本文中有時依上下文需要而譯成幻想。

孩子看見或幻象同齡的孩子被打，乃平素之日常經驗，佛洛伊德在這普遍性的想像中看到了愉悅、強迫、性倒錯、性快感（自慰）等情感。於是，「誰」打「誰」？其中的年齡、身份、性別等，乃這篇文章論證之重點。佛氏的案例中，其主體是以女童的角度出發討論的。其討論以三階段呈現：

第一階段：女孩幻想，另一名小孩（哥哥或姊姊，通常是她厭惡的或競爭的對象）遭到女童的父親處罰。表現為：「一個（我討厭的）小孩被我父親打」。佛洛伊德說，這種幻象是虐待式的。

第二階段：女孩被父親打。表現為：「我被我父親打」。這一階段中表現出女孩屈從於對己父之愛的罪惡感，乃性與罪惡混合的感覺。在第二階段中，此等幻象是受虐的。

第三階段：等同於父親的權威人士（如老師）正在打小孩（通常是男孩）。表現為：「一個男孩正在被老師打」。第三階段又回歸為施虐式的。

總結這三個階段，佛洛伊德認為，只有一、三階段會留在意識中，而第二階段則會化入潛意識。因為第一第三階段表現的乃是施虐，而第二階段則是受虐；受虐者之潛意識，藉由潛抑與從對被父親深愛的亂倫願望中退化而發展，其幻象原本就具有性器上的重要性。[26]如

---

26 XVII, p187-190.

此則解釋了如何由主動之施虐（意識）轉進為被動之受虐（潛意識中），佛洛伊德在這篇文章中詮釋了受虐狂及其意識是如何發展出來的。[27]

因這三階段，乃是透過「挨打之幻象」（beating-phantasy）去處理主體中的心理機制。這其中，挨打未必要真的發生，只需透過主體／他者與挨打幻象之間的實施，就可解釋施虐／受虐的心理能量之流動。尤其第二階段的挨打（受虐），依佛洛伊德，未必真要存在過（只在潛意識中未必能被憶起），那受虐，符合拉岡所說的絕爽／痛快。而第三階段是施虐，雖是見他者受虐，但意識當中他者乃是主體的替代者，即他者代替主體受虐；因此表面上是施虐，但卻是享受著受虐的快感。此又痛又快，就是拉岡所說之絕爽。

五、〈本生圖〉、〈自殘圖〉、〈法治圖〉中的自虐之情

論述完以上虐人／自虐三階段理論後，讓吾人再回頭檢視對陳界仁所追問之問題。陳界仁介入影像中，同

---

27 在我們所整理的佛洛伊德／拉岡理論中，都指出施虐／受虐有一面的心理面向是絕爽，這是指出痛快的那一面。但施虐／受虐畢竟有其不快的面向。後來的心理學家佛洛姆便曾分析過施虐／受虐的社會層面。譬如他說，受虐狂通常起源於自卑的心理，常因自覺苗小無助，而容易養成依賴權威的性格。而施虐狂，則使促使他人依賴自己，或剝削他人，使他人受苦。佛洛姆特別指出了施虐／受虐的「共生」結構，他認為施虐／受虐常是彼此依賴而消長擺盪的。細節參見埃里希・佛洛姆著，劉宗為譯：〈逃避自由：透視現代人最深的孤獨與恐懼〉（臺北：木馬文化，2015）。

時成為行刑者、受難者、旁觀者，這恰好符合了佛洛伊
德 ── 拉岡式虐人／受虐的三段模式。我們以佛洛伊德
三階段理論檢討之。

（一）〈本生圖〉：受虐情結仍隱性

〈本生圖〉中，陳界仁扮演看客，觀看 1905 年凌遲
者的形變雙身。因此，巴塔耶愛慾論凌遲者情色／宗教
同一之狂喜苦痛也都原封不動轉移至〈本生圖〉中。該
圖中，作為一個創作者，陳界仁引領讀者去成為觀看者，
去觀看他在圖中觀看他人之受虐，既含主動之虐待，亦
含隱性之受虐情結。這符合上文所提佛氏虐／受虐理論
的第一與第三階段，去幻象虐與自虐之間的快感。但，
〈本生圖〉中陳界仁之受虐情結仍是隱性。

（二）〈自殘圖〉：第二階段之受虐

〈自殘圖〉中，陳界仁同是被砍頭者／也是看客，
不僅有一三階段虐人之心理，陳界仁在此圖扮演了被砍
頭者，即他之受虐心理是真實呈現的。即此創作符合上
文佛氏的第二階段。即，陳界仁讓自己的創作勾連出其
內在真實的被虐幻象。究竟，陳氏讓我們重複觀看歷史
文件中他人之苦難，是要讓吾人反思西方對被攝者的殖民
肢解？還是改造這些圖像是一病態執迷的邪淫趣味？陳
界仁關於自己的施虐／被虐情結，是知之甚詳，他自承：

　　　　　我以刑罰的影像作為創作的場域，是無
　　　關於「救贖」這樣的命題，對我而言創作是
　　　一種在無明與頓悟間的遊走，一種途中的狀
　　　態，並在這狀態中，去「認識」那套在我臉
　　　上，交溶著虐與被虐的狂喜，並難以拔除的
　　　臉孔。[28]

　　於是，〈本生圖〉、〈自殘圖〉到底無關歷史救贖。
本文追索至今，巴塔耶愛慾論的死亡與性之踰越／禁忌
的兩面性都滲透入陳界仁創作之中，但，陳氏所說的 1.
凌遲受難者在歷史照片中之迴向，及 2.西方肢解技術，
畢竟只是他改造圖像的表層意義；其底層終究處理的是
他自己的心理能量流動，在施虐／被虐的交集拉扯之
間，落入了巴塔耶的狂喜。吾人作為觀者，可在適度距
離之保持下，對痛苦之一瞥而得到宣洩洗滌；然而亦可
能陷入恐怖圖像之幽冥深處而害怕顫慄。

（三）檢討〈法治圖〉中，行刑者的角色

　　但其中最不可理解的，是陳界仁自願成為殺者人，
成為佛洛伊德那「挨打幻象」三階段中，沒有討論到的
父親／老師之角色：那個真正的施虐者。在佛氏的討論
中，小孩施虐與自虐之角色都只是幻象，那種欲望瞥見

---

28 陳界仁：〈凌遲考—創作自述〉，收錄日期 2014, 12, 10。

他人之痛苦之幻象；其討論中，並沒有真正的施虐者。或，他們並沒有進入討論「真實」的施虐者。

然而，拉岡並沒有忽略這父親的角色。拉岡說，在「你正在打我」這件事中，施虐／被虐者都得到絕爽。而「他的絕爽是在他者的絕爽之形式中」[29]。拉岡說，在孩子對父親的幻象之中，孩子固然得到絕爽，父親也因為打孩子而得到絕爽。依拉岡，父親 —— 執行著這絕爽的角色，尚是無名的；他唯一能被掌握到的只有身體。「什麼是有身體，而是不存在的？」拉岡問道；答案即：「大他者」（the big Other）[30]。「大他者」在拉岡的語境中就如同那位說"I am what I am"[31]者一般。「大他者」，就等同律法、語言（而母親是拉岡最常說到的第一個大他者），乃是屬於符號界的。因為語言，並非來自於主體。並非人說語言，而是語言使人言說。因此大他者是在意識之外的，拉岡說：「無意識便是大他者的語境。」[32]

那麼，當陳界仁扮演起行刑者／小島原治／大他者這樣的角色時，他是否誤識了其中的曖昧之意，而認同／等同了日本軍國主義下的執行者？「日本軍國主義」的確是真正的大他者，無論陳界仁費盡工夫想要控訴歷

---

29 Jacques Lacan, Russell Grigg trans., *The Seminar of Jacques Lacan: The Other Side of Psychoanalysis*（New York: W. W. Norton & Company, 2007），p.65.

30 Ibid., p.66.

31 此乃舊約《出埃及記》，耶和華對自己的自稱。

32 Jacques Lacan, *The Seminar of Jacques Lacan: The Other Side of Psychoanalysis*, p.67.

史中之殘暴酷刑；但他的控訴（藝術創作）仍是被潛意識的內／外，內在的施虐自虐／外在的日本殖民主子所凝視著。

陳界仁原是將這樣自身體內系譜的書寫，一種替自己命名的行動，稱為「招魂術」。於是，陳界仁無意識中達到另一種「現代性下的殖民肢解」── 本來援用歷史圖像看似要為歷史救贖的；卻在歷史的斷頭殘身中，一方面以行刑大他者的姿態為殖民肢解，一方面，卻挖掘出他自己內部的深處鬼魂，為己肢解。那麼，當陳界仁扮演起行刑者／小島原治如此符號界的人物，他究竟為自己招來怎樣的魂魄？下文處，我們當更以拉岡的「凝視」理論，來繼續追問陳界仁的問題。

六、拉岡的凝視理論與東方主義之凝視

（一）凝　視

在重新回到陳界仁的〈法治圖〉再討論前，筆者將引述拉岡的凝視理論。凝視是拉岡精神分析理論的重要主題，當拉岡討論凝視時，其觀點深受現象學之影響。首先，讓我們先區分「看」（或「觀看」）與「凝視」之差異。當吾人看時，是主體之看之所見。但當拉岡言凝視時，是吾人想像別人在看我，主體成了他者。若回到拉岡著名的鏡像理論，嬰兒在鏡子中看見自己時，首先是想像界中的理想自我之形成；然而與此同時，嬰兒

會聽到父母的讚美或評判，這其中亦有符號界的他者之認同，乃自我理想之形成；拉岡由此區分理想自我與自我理想。這種對比，亦譬喻著當嬰兒在（觀）看之時（他在想像著自我），他已在父母的凝視之中（從而以其符號形塑著嬰兒之自我）。

　　於是，當吾人在世界中觀看時，我們已進入到在世存有之他者的觀看之中了，此即凝視。同時，我們也是在世界之中凝視著他人的他者。拉岡說：「我只從一點看出去，但在我的存在中，我是從各面向一起被看。」[33]此即拉岡所謂的「凝視的前存在」（the pre-existence of a gaze）。在世存有與前存在之術語，都透露著現象學的痕跡。

　　由此延伸，拉岡提出了「想像的凝視」，即，吾人總是想像著世界當中有他者的凝視正在凝視著（自）我，如鏡像理論之母凝視著子一般，這是符號象徵所欲穩固出的系統。更進一步，拉岡透過動物之擬態現象（the phenomenon of mimicry）來說明。有許多的動物及生物，都會經由改變膚色體態來融入自然避免被掠食。這其中，有著想像的凝視。動物想像著在世存有中牠所不見的一切正凝視著牠，牠看著周遭環境，牠或許看著生存環境的一切細節，但牠看不見他者的凝視，牠想像著他

---

33 Jacques Lacan, *The Four Fundamental Concepts of Psychoanalysis*, edited by Jacque-Alain Miller, translated with notes by Alan Sheridan （New York : Norton & Co Inc, 1998）, p.72.

者之凝視正在凝視著牠。如此，標定出「看之既定被看的前存在」（the pre-existence to the seen of a given-to-be-seen）[34]。拉岡說：

> 這即是主體在可見性之中之型塑的核心的功能。在最深刻之層次所決定我的，乃是外在的凝視。透過這凝視，我進入光照之中，從這凝視我接受其影響。因此即，透過凝視這樣的措施，光被形體化，而且透過這光 —— 如果你允許我如我常用的使用這個字，在一種片段化的形式中 —— 我被攝像化（被照片抓住）（photographed）。[35]

於是，我以為我（自我）是清晰明辨的，但自我無時不在被凝視之中，有著那看不見的他者之凝視才使得主體之我被建立起來。我並不是孤單單的自我，我之所以為我是因為他者之凝視已在無所不在的環視之中。但這環視的他者之凝視亦要被主體自我忽視，如此主體自我的（虛幻的）獨立性才能確立。同時這環視之凝視亦是被主體自我所想像出來的，仍是一種幻覺。用拉岡的術語來說，凝視的他者終究是不可能性，是來自於實在界

34　Ibid., p.74.
35　Ibid., p.106.

^{36}之凝視。或說，凝視，是主體永遠匱乏之物的凝視。^{37}

---

36 拉岡有著名的三界結（The Three Orders）的談論，分為實在界（the
Real）、象徵界（the Symbolic）以及想像界（the Imaginary）。若
要簡單說明，則現實乃是透過象徵界的意指活動來界定的，而無法
收攝入內的，則是本來如是的實在界。可參考邁爾斯一個很好的說
法：「有一瞬間，媽媽看到了山而沒有想到伐木，沒有想到滑雪聖
地和雪崩，被馴服的野生動物，板塊構造地質學，微氣候，雨影，
或陰陽的位置。她看到了沒有語言框架的山。沒有聯想的牢籠。她
看到了山，但不是通過她所知的一切關於山的真實事物的透鏡。她
在那一瞬間看到的甚至不是一座『山』。它不是一個自然資源。它
沒有名字。」邁爾斯，白輕譯：《導讀齊澤克》（重慶：重慶大學
出版社，2014），頁 9。

37 拉岡亦曾用莊子夢蝶之喻來談論過「凝視」。莊周夢蝶之喻眾所皆
知，《齊物論》記載：「昔者莊周夢為蝴蝶，栩栩然蝴蝶也，自喻
適志與！不知周也。俄然覺，則蘧蘧然周也。不知周之夢為蝴蝶與，
蝴蝶之夢為周與？周與蝴蝶，則必有分矣。此之謂物化。」拉岡說，
當莊子從夢中醒來，一時不知是莊子夢成了蝴蝶，還是蝴蝶夢到自
己為莊子；此時，莊子是清醒的，他確然知道「莊周」只是符號界
／符號網絡中的一個符碼。然而，拉岡真正要說是「夢為蝴蝶，栩
栩然蝴蝶也」一事，拉岡說，莊子在夢中碰見蝴蝶，是與實在界之
遭逢。那蝴蝶，是凝視的蝴蝶，是「凝視之本質的原初性質」，那
是來自實在界的凝視。依拉岡哲學，在符號界的現實中，他是莊子。
而在欲望的實在界中，他則是一隻糊蝶。
莊子與蝴蝶的關係，可寫為拉岡的著名公式：$ \$ <> a $。可參考楊小
濱之詮釋：「這樣的『局部客體』，當然也就是拉岡所說的『小它
物』（objet petit a），正是小它物（a）與分裂主體（$\$$）的關係構
成了拉岡的幻想公式：$ \$ <> a $。小它物作為溢出的絕爽不僅無法抵
達完整的陰陽和合，而且對應了主體的分裂狀態。不斷圍繞著小它
物也就是局部客體，但永遠無法抵達欲望終極的，便是拉岡所說的
驅力，它一遍又一遍地重複著對真實域絕爽的迷戀。真是在這樣的
意義上，驅力必然是『死亡驅力』，它是對絕爽的重複性的追蹤，
是對生命力的耗盡。」楊小濱：《欲望與絕爽：拉岡視野下的當代
華語文學與文化》（臺北：麥田出版社，2013），頁 77。

（二）來自它者（日本軍國主義／西方帝國主義）的凝視

1.認同日本軍國主義的執行者

在「魂魄暴亂」系列的圖像中，陳界仁觀看，也讓自己被觀看／凝視。他彷彿重構場景去思索調侃，這些歷史圖像與他自己（還有我們這些觀看圖像者）之間的凝視機制。

作為一位有自覺的藝術創作者，陳界仁必定思索過觀看之外的凝視。即自己的凝視，歷史人物中的凝視，及後世之凝視，這些環視的凝視讓陳界仁去從事這些圖像改造工程。

於是，當陳界仁選擇將自己置入〈法治圖〉時，陳界仁心中對這幅照片的解讀，無論他是將之詮釋為第二次「霧社事件」中帝國主義宰制下的殖民地殺戮，抑或部落之間彼此出草的儀式。上文已說，當陳界仁扮演起小島原治這樣大他者的角色時，他已認同了日本軍國主義下的執行者。他同時被「內在的施虐自虐／外在的日本殖民主子」所凝視著。這虐人／自虐間的精神驅力之分析，我們在上文已分析討論了。

2.環視之凝視

陳界仁作為日本軍官，在圖像中觀看著他周遭的Toda族人，觀看著擺在土地上的101顆Tkaya族頭顱，

但也同樣凝視著圖像之外的無數後世觀看者（如你我）
無論如何，陳界仁已自我認同了日本殖民主義之凝視。
但陳界仁自己意識到來自他內在匱乏的凝視？以及，這
日本的殖民現代性之凝視，是從西方蔓延而來？

3.最深的凝視

　　在「砍頭—看客」模式中有許多型態的凝視。藝術
工作者陳界仁介入凌遲現場之凝視，吾人後世者對二次
霧社事件照片之凝視（且與陳界仁身在〈法治圖〉中之
凝視對望）。

　　但那最深的凝視早已環繞了，一切，都是在帝國主
義／殖民主義的觀看中所進行的肢解的凝視。那是西方
文明現代性之凝視。如前所述，拉岡說的凝視之前存在，
當愚昧落後的中國人（或野蠻的山胞）想要找到自我認
同時（或自我誤識），他們已自我擬態出愚昧落後的外
貌（野蠻的斷頭習俗），以等待著西方權威符碼化的讚
許[38]。

　　（1）「幻燈片事件」之可悲，乃是因為魯迅早已（不
自覺無意識地）帶著西方文明啓蒙現代性的眼光去觀看
（去批判），背後有著更深的西方現代性的凝視。

　　（2）「魂魄暴亂」系列，當陳界仁想要藉由重構「砍
頭—看客」場景去思索去調侃去反省去逼迫這些歷史圖

---

38 如鏡像理論中，子得到自我形象時，同時得到母親的讚許認同。

像時，其選圖不僅反映了其內心的虐人／自虐之驅力，背後更反映了：

a.日本軍國殖民主義。

b.西方的東方主義之凝視

我們已論證過 a 了。後者，茲以凌遲之圖（本生圖）來討論。

（三）巴塔耶凌遲之圖的背景

實則，巴塔耶所討論的凌遲之圖，其背景早已被考證出。根據法國學者鞏濤，該事件應該發生在 1905 年前後，犯者名王衛親，因殺害一家十二口而被處以凌遲。[39] 然而，據鞏濤考察一系列中國示眾之照，他對比出中國處決與歐洲大異其趣之處。[40]

---

39 「仔細分析圖版後，其實應該是拍攝於北京，時間很可能在 1904 年底，在 1905 年 4 月廢除『凌遲』的數月之前。受刑者是一位名人，叫做王衛親（Wang Weiqin），1901 年左右他殺害一家十二口，包括婦女、孩童（最小的九歲）在內。所以，他被處以最嚴厲的懲罰『殺三人或超過一家人以上（株連）』。」鞏濤，〈中國處決刑罰視覺化與歐洲酷刑之異同〉，《典藏今藝術》129（2003.06），頁 185。

40 根據鞏濤的研究，中國處決刑罰的四項主要的特點，與歐洲的公開行刑差異甚多，分別是：差異一：「『缺乏任何支架或舞台。』在街市處決受刑者，周圍沒有清楚界限，圍觀者可以近距離地碰觸到受刑者。」差異二：「沒有情節，沒有角色。」劊子手在刑場上始終嚴肅，他們不需扮演角色；他們完成職責，受刑者也是一樣，雖活著，不露出預期出現的痛苦跡象。差異三：「沒有宗教背景」。差異四：「沒有公眾，沒有社團。」刑場上有很多圍觀者，但並沒有對行刑產生共同觀點，……因此，人群的行為不像是一群共同表

　　歐洲人在詮釋這些行刑圖時，為了符合他們所認知之中國形象，是按照其刻板印象的既定邏輯去詮釋的，以便把中國描述為他們所認定的東方國家；其中蘊含著東方主義的詮釋循環。鞏濤認為，歐洲人的既定印象中，1.中國刑罰必定相似於中古歐洲中古世紀的黑暗時代。2.中國刑罰必定和歐洲的酷刑模式類同。在巴塔耶凌遲之照的例子中，曾有兩位歐洲人表達過對王衛親被凌遲的影像表達過看法。一位是英國商人兼旅行家 Archibald Little，其聽聞轉述如下：

　　　　我經過一條大街，街上擠滿人群，都是來看凌遲處決的，我費勁地從人群中找條出路。這次處決比平常吸引更多的人，因為犯人是一位高官。這人在 1900 年暴動中殺害兩個家族並謀取他們的財產，因而招致如此下場；不久前他被一位婦人檢舉，罪行定讞，因此執行處決。然而我不得不前往商埠登記，但是一位在刑場觀看的歐洲人告訴我，這次情況很淒慘；處決有一定的程序，身上的肉塊被一片一片剮下，向人群丟去，民眾

現同情心、憎惡感或騷動的「公眾」。而，歐洲的處決有強烈的宗教性，三個特點：聚焦於十字架、救贖的折磨、有形的、痛苦的和流血的身體；但中國的「砍頭—看客」卻完全不是這樣的。同上註，頁 185。

紛紛搶奪血淋淋的殘骸。在中國，我們仍處
於中古世紀。[41]

　而另一位德國犯罪學學者 Robert Heindl 也曾經出版
過王衛親的凌遲照片，書中斷言：「我看見圍觀的人聊
天、嘻笑，抽著紙煙，大啖水果！」。不論是 Heindl 或
Little，對於王衛親一案的描述（時間、地點、案由）全
部都是錯的。上文我們所見巴塔耶書中的凌遲照片，全
無將「肉塊」丟向人群的畫面，也毫無群眾「嘻笑、吃水
果」的特寫。於是，這類東方主義式的詮釋，連同其他
一系列處決照集結出版，鞏濤說：「書籍經過大量印刷發
行，這類的觀察就強化對中國人殘酷和野蠻的偏見。」[42]
　　因此，不論陳界仁如何地訴說凌遲之照，他的再改
造且讓照片一再複製曝光，只是用東方的奇珍異俗或自
曝其短來吸引觀者的凝視。筆者早已論述，這些示眾的
盛舉，本質上就是刑罰的，一再地翻攝舊中國的歷史之
照，不就一再逼使本地後世去回憶悲憐國族衰弱史；而
無法如陳界仁所說，逼使觀看者去逼視殖民帝國者的肢
解技術之惡。相反地，只是將自己的野蠻肢解技術（北
京街上的凌遲與台灣高山族的獵首）活生生地，自曝在
更大的西方的凝視之中。

---

41 但根據鞏濤的解讀，這兩位的判讀都是偏見，凌遲照中，從未有將
　「肉塊」丟向人群。
42 鞏濤，〈中國處決刑罰視覺化與歐洲酷刑之異同〉，頁 186。

七、另一種凝視

如若吾人從「南島民族作為被攝者」這個命題來反省陳界仁的創作。1931 年二次霧社事件的照片中，所有參與事件的 Toda 族人都清楚這是日本人為事件所拍之檔案照，他們都清楚這將是外界（日本、西方）對他們正凝視著。但，二十世紀初前後，這些被攝的原住民同胞，有多少人能清楚理解攝／被攝，影像／成像，底片／相機之內在理路。如若吾人觀看 20 世紀初台灣高山族或蘭嶼達悟族被攝之照片，彼時，對相機機器完全陌生的他們，對外界之凝視是全然無感無謂的。他們表現的，仍是在他們自身（的原初）世界中的那個樣態。那是在現代性之外，其意識內涵從未遭逢過超越其世界整體的他者（文明、進步史觀、科學革命、地球與宇宙的世界觀……）。[43]原初的南島民族是來自神話思維的人類，我們（凝視著他們）對他們一無所知，他們無感於我們的凝視也對我們一無所知。

如果吾人回到台灣原住民最早被攝的圖像呢？假若以著名的「平埔母子像」為例，這是 1871 年由英國攝影

43　而那樣的樣態，就如同夏曼‧藍波安所描述其父的：「（父執輩）就坐在我身邊一呎的地方，但我感覺到他們卻像是遠在天邊的人，對他們腦海裡想的一切，我是一無所知。」夏曼‧藍波安：《海浪的記憶》（臺北：聯合文學，2002），頁 46-47。正因早年的夏曼‧藍波安之父並未被現代性西方所凝視過，對外界之凝視是全然無感無謂的。

平埔母子像

家約翰・湯姆生（John Thomson）所攝。[44]一般而言，「平埔母子像」有幾種解讀之意。首先，這母與子的構圖極為類似西方的聖母聖子像（不論是雕塑或繪畫作品）。其次，人像的拍攝角度上，類似 19 世紀末為人種測量與記錄。最後，「平埔母子像」被解讀為面對西方人外界勢力侵入下的臉露哀戚之感。

然而，吾人若比較湯姆生在同一時間所拍攝的同系列作品，有幾幅同樣是人像照（男女皆有），其他幾位平埔族人在面對照相機時，臉上皆是默然無感的表情，更重要的是，他們的眼神全不對焦（並不觀看著鏡頭）；意味，外界（西方人）凝視著他們的同時，他們並不感受到自己的被觀看／被凝視。[45]而所有被拍攝的人體皆呈現某一種固定的姿態或拍攝方向也可理解（類似 19 世紀末為人種測量與記錄），那都是在屈就攝影技術下

---

44 照片地點位於今高雄木柵一帶。1871 年湯姆生隨基督長老教會教士馬雅各（James Laidlaw Maxwell）來台，在馬雅各的帶領下，從左鎮經木柵，過內門、寶隆，到達今甲仙。彼時，台灣的中央山地及東半部都不在清廷掌握下，湯姆生與馬雅各所能抵達之處，已是不與外界為敵的熟番之地。

45 若考慮 1871 年的照相技術，湯姆生所使用的設備是「濕版火棉膠攝影術」（Wet Plate Collodion Process），雖然比達蓋爾攝影術簡便許多，曝光時間大幅縮減下但也需要幾十秒到一分鐘內方可完成。因此，那幾幅男女人像眼神並不對焦也不讓人意外。

不得不的結果（想像湯姆生必須僱工搬運笨重的器材及底片翻山越嶺）。那麼，「平埔母子像」在構圖及成像上較為完整成功，可能僅只是機率問題。在同一時間同一地點所拍攝的多幅肖像中，「平埔母子像」的母親可能僅是較為合作較為集中心力在面對攝影師的指揮上。相較於其他被拍攝的男女平埔族人在面對照相機時的漫不經心（外界凝視著他們的同時，他們並不感受到自己的被凝視），則，「平埔母子像」之母，眼神對焦便可解釋為面對西方人之外界勢力侵入下臉露哀戚之感嗎？筆者是存疑的。

與「平埔母子圖」同系列的相片

　　若回到拉岡的凝視理論，在論及「凝視的前存在」與「看之既定被看的前存在」時，拉岡說過一個他自身的故事。拉岡年輕時，曾前往法國布列塔尼海域與漁民一同出海，在海上捕魚的時光，有一回他們見到海面上漂浮著一個沙丁魚罐頭，於是，漁民們大聲笑著，問拉岡看見罐頭了嗎？最後則嬉鬧著說：這罐頭可看不見你。拉岡被此一日常的卻莫名的事件困擾了。罐頭看不

見他，但他卻被罐頭所反射的陽光照耀著，簡直照傷了。若如吾人平日能夠安心地進行日常活動，乃是因為吾人早已習慣我們所身處的符號化的世界；這世界是我們所能掌握的，所習以為常的，但卻是在我們所接收的符號界下所以為的模樣。這罐頭可看不見拉岡，讓拉岡突然乍覺這符號體系的匱乏，他被陌生化所洗捲。那是符號界與實在界交錯之困惑。拉岡被罐頭所凝視著。

　　不論是原初的南島子民或「平埔母子像」之母，他們何時突然困惑於外界的凝視，而突然在自己的本來世界（的符號性之中）感到迷惘，則他們就隱隱悟到了外界（洋人／西方現代性／帝國）之凝視。

八、結　論

（一）陳界仁的「創傷」

　　當我們反省陳界仁「魂魄暴亂」及〈凌遲考〉的創作時，已說明陳界仁的再改造只是落入東方主義的觀點。用東方的奇珍異俗或自曝其短來吸引觀者的凝視。一再翻攝舊中國的歷史之照，只是將自己的野蠻肢解技術（北京街上的凌遲與台灣高山族的獵首）活生生地，自曝在更大的西方的凝視之中。那是「他被『創傷』所捕獲、箝制而迷戀的狀態」。

　　這其中最值得反省的是〈法治圖〉，因為陳界仁自我等同了日本軍國主義的執行者，他同時被「內在的施虐自虐／外在的日本殖民主子」所凝視著。

（二）〈法治圖〉的可能？

若再仔細思量〈法治圖〉之創作，依筆者淺見，陳界仁仍可將自己置入〈法治圖〉中，但並非化身為日本軍官，也非如〈本生圖〉〈自殘圖〉中那般化身為觀看行刑的看客（這樣的看客仍是落在魯迅之批判中的）。

筆者以為，陳界仁仍可以化身為：

1.其中任何一位賽德克族人（地下的某顆頭顱）。

2.或就是做他自己（一位錄像藝術家的陳界仁）。

如此，解讀可能是：

1.呈現「出草」（不論是政治上的抗暴或原初的祭儀）的殘酷性。

2.那是台灣高山族（被迫害者）或藝術家陳界仁對未來歷史（及其中的觀看者）的永恆凝視（無畏的直視）。

（三）另一種原住民的凝視

本文最末，讓我們再從台灣南島民族身上學習另一種凝視。1910 年起日本總督佐久間左馬太「五年理番事業」後，日本人便逐步掌握了台灣全島山地。但唯有中央山脈南段的布農族人藉著地利久未被收服。二十世紀 20 年代以至於 40 年代，這些世居山地的族人發起了多次襲擊日本駐在所的事件，如 1914 年霧鹿事件（霧鹿社等原住民襲殺駐在所日警 2 人），1915 大分事件（襲擊花蓮港廳玉里郡大分駐在所，造成 12 名日警死亡），跟 1932 年

大關山事件（襲殺大關山駐在所巡查松崎重俊等 3 人）。
幾名布農族領袖在當代被塑造成抗日英雄，如大分社的拉
荷阿雷與阿里曼西肯兄弟，以及葉巴哥社的拉馬達星星。

　　前兩位，在 1931 年左右，便逐步歸降於日人統治。
而 1932 年年中，拉馬達星星卻又發動了大關山事件，終
於引發日本人圍剿，在該年年底逮捕到拉馬達星星父子
及同夥。此張照片乃該群布農族被捕後所攝之相。筆者
舉此相為例，乃是對比著上文陳界仁的創作諸圖，尤其
是我們深刻討論過的〈法治圖〉。

拉馬達星星父子同夥被捕後，拍攝者不詳

　　據傳，拉馬達星星父子一群人被捕後受到日人嚴刑
拷打，甚至投海致死。在這張被俘後的照片中，長髮剽
悍的拉馬達星星一臉驍勇善戰的模樣，手有手銬，腳上
腳鐐。他知道他面對的是照相機，眼光無懼，他緊緊盯
著鏡頭，凝視著殖民主，凝視著逼迫著他一輩子的列強
／日方／現代殖民主，凝視著凝視著他的他者，凝視著
我們，凝視著後代。

盧梭人性論辨析[*]

一、前　言

　　法國哲學家盧梭一般被認為是政治社會哲學家，他是《社會契約論》的寫作者，影響所及成了法國大革命與雅克賓黨人運動之思想濫觴；盧梭亦是寫作懺悔錄的文學家，後世尊稱他為浪漫主義之父；而若論教育，《愛彌兒》一書早成經典。因此，若非專門的盧梭研究者，甚少提及盧梭思想中的人性論。但康德不是，大哲學家康德經常讚揚盧梭，並認為盧梭發現了真正的人性。[1]然

---

[*] 本論文之研究，獲兩年期科技部計劃補助：「盧梭「人性論」研究」（NSC 98-2410-H-119-011-MY2，98-99 年度）。本文不曾投稿正式期刊。

1 康德說：「我天生上就是一個真理的追求者，對於知識我感到熱切的渴望，有一股不熄的熱情要在知識中前進，同時每走一步就無比滿足。有一段時期，我認為僅僅這些就構成了人類的榮耀了，然後我卑視無知的一般人。盧梭導正了我。這種盲目的偏見消失了；我學會了*尊重人性*；如果我不相信這種觀點可以*讓所有的人建立人類的權利*的話，則我自認為比一般的工人還無用。」轉譯自 Ernst Cassirer, *Rousseau, Kant, Goethe : Two Essays*. Translated by James Gutmann, Paul Oskar Kristeller, and John Herman Randall, Jr. （New York : Harper & Row. 1963）, pp.1-2.

而，康德稱許盧梭的談論常過於宏大而難解讀；本文以為，要詮釋康德的這些話語唯有透過辨明盧梭的人性論才得以可能。

一個顯著的歷史事實是，1762 年盧梭出版他著名大作《愛彌兒》後，巴黎大主教 Beaumont 對他發出譴責之令。關鍵之處在於《愛彌兒》全書第一句話：「出於造物主之手都是好的，但一到人類手中便都衰敗了。」盧梭自己亦說：人是「自然地好（良善）」（bon naturellement）。因此，人性善的觀點顯然違反了基督教對於人性「原罪」的傳統，非要教會官方出面大加撻伐。

故，本論文將分為幾要點來辨析盧梭之人性論。

（一）盧梭說人性是善的，他說人是「自然地好（良善）」（bon naturellement），這句話的內容為何？何謂盧梭之「自然」與「善」？

（二）本文認為，若要剖析盧梭的人性善論，就必須仔細研讀《論人類之不平等及其起源之基礎》與《愛彌兒》二書中的若干章節。雖在這兩本書中，盧梭都持人性善的立場，分別賦予人類心靈「自愛」、「憐憫」、「善良」等特點；但盧梭在這兩本書中對「人是什麼」這一命題卻是有扞格差異的。

在前書中，盧梭認為人類與動物雷同，都是一部精密的機器。差別在於：人類擁有了自由意志與「自我完善」的能力。也因為人類擁有自由的意志能夠不斷地完善自身，以致於人離開了純粹的自然狀態而進入了不平

等的狀態中。但也經過了此節之辨明，吾人可以確定何謂盧梭心中人的「自然」與「良善」。

　　然而，在第三節《愛彌兒》一書第四卷的論證中，盧梭卻提出了截然不同的人性觀。在該書中，盧梭堅持傳統的二元論，認為人乃有靈魂／身體的實體二分；由此堅持意志自由、靈魂不滅、與上帝存在的自然宗教論。而本論文中的重要論證，便在於鋪陳此二書中不同的人性論，以期收束與辨明盧梭的原意與寫作意圖。這兩部書的談論分別列在本文的第二節與第三節。在《論人類之不平等及其起源之基礎》，盧梭顯然在人／機器、心靈／物質的二分間立論不堅；而《愛彌兒》中人類靈魂／身體的實體二分與盧梭自然宗教的思想較為融貫。

　　（三）因此，兩相對比，本文認為《愛彌兒》書中的談論較符合盧梭的人性觀。

二、《論人類之不平等及其起源之基礎》中的人性論

（一）自然狀態的預設

　　眾所皆知，在《論人類之不平等及其起源之基礎》的第一部份，盧梭考察了所謂的自然狀態（état de nature），目的乃要編織出人類不平等的歷史系譜。[2]並且，也為了找出人類真正的自然權利（droit naturel），探討了自然狀態中的「自然人」該是如何。在盧梭自然

---

2 以對照出他自己構想出的人人平等之社會契約。

狀態的預設中，其間的自然人〔或盧梭自己口中的野蠻人〕乃是「自然地良善」（bon naturellement）。在《論人類之不平等及其起源之基礎》一書中，盧梭雖然沒有直接使用「自然良善」此一詞彙，但在給 Malesherbes 的一封重要信件中他如此論及：

> 喔！先生，如果我能夠寫下我在那樹下所看到所感覺到的一半又一半，則我就可以使社會制度中的矛盾清晰地被看見，何等有力地，我就可以暴露出我們制度中的總總謬誤，何等簡潔地，我就可以指出，人是自然良善，而僅因這些制度人變為邪惡了！（l'homme est bon naturellement et que c'est par ces institutions seules que les hommes deviennent méchants！）。在樹下的一刻鐘內，大量的偉大真理啟示了我，我只能夠稍微地保留住，它們分散於我的三部主要著作，即《第一篇論文》（Discours sur les sciences et les arts）、《論人類之不平等及其起源之基礎》和《論教育》（即《愛彌兒》），三部作品不可分割，構成一個整體。[3]

---

3 Rousseau, Jean-Jacques. *The Confessions, Including The Letters to Malesherbes*. Ed. Christopher Kelly, Roger D. Masters and Peter G. Stillman. Translated by Christopher Kelly （London : University Press

　　由此可知，人性「自然良善」之預設，乃盧梭先驗
推論的起點，[4]也即盧梭主義[5]的頂點。因此，吾人可斷

---

of New England Dartmouth College.1995），p.575.

這段談論涉及盧梭生平一件著名事蹟。1749 年，好友笛德侯因案入
監服刑，在一個午後盧梭長途跋涉前往探視。路途中，盧梭手裏拿
著一份刊物，不經意瞥見刊物頁面一道徵文題目。盧梭說，那個題
目使他靈光乍現，突然間，彷彿萬道光芒照耀頂上，無盡的念頭湧
現，他無法呼吸，暈眩在路旁的樹下。如同傳統記載中神啟的奇蹟
異事（使徒保羅），盧梭看到了一生的志業。

或見苑舉正先生的描述：「1749 年 10 月，第戎學院（l'Académie de
Dijon）將論文獎的題目：『科學與藝術的重建是否有助於品行的淨
化』，刊登在《法國信使》（*Mercure de France*）。盧梭後來在《懺
悔錄》中，回憶他初次看到這個題目時的感覺。他當時在『探監』
（『啟蒙運動』哲學家 D. Diderot 被關在凡森堡（Chateau de
Vincennes））的路途上，一邊沿著路走，一邊閱讀《信使》的內容。
當他看到第戎學院的徵文題目時，他的腦海中，立即冒出一大堆理
念，這些理念在他身上所產生的衝擊之強，使得他必須沿著路邊一
個大樹坐下來，然後在樹下，再將方才所冒出來的理念作一個整理
（參見《懺悔錄》第八書）。在盧梭寫給 Malesherbes 的四封自傳式
的信件中的第二封信裡，他說：『在那約十五分鐘的時間內，我在
樹下所體驗出來的理念構成我的三份主要著作的內容：第一篇論文
（案：〈論科學與藝術〉），有關人類不平等起源的那篇論文，以
及那份有關教育的作品（案：《愛彌兒》）。』（Cranston: 226-229）」
苑舉正：〈「無知的理解」：蘇格拉底與盧梭的兩種德行觀〉，《臺
灣大學哲學論評》33（2007, 3），頁 97。

4　有評論家說盧梭乃是採用「先驗」的推論，參見斯蒂格勒著，裴程
　　譯，《科技與時間》（南京：譯林出版社，2000 年），頁 123。的
　　確，盧梭對自然狀態描繪，可說是一思想家對文明史前的形上學
　　式的推論。然而，此處「先驗」的意義與吾人所熟知的康德式用法
　　相去甚遠。

5　「盧梭主義」乃德希達的用詞，在《論書寫學》（De la Grammatologie）

言，盧梭主義重要三本著作《第一篇論文》、《論人類之不平等及其起源之基礎》、《愛彌兒》的佈局，都對應著自然人的自然良善而開展。

因此，探討人性與論述人性之良善，對於理解盧梭思想之重要性不可言喻；但何謂盧梭意義下的「自然」與「良善」？而人性之自然良善這偉大的真理，又如何地分散到盧梭的思想著作中從而又構成一個整體？

以下，本文先按順序論述《論人類之不平等及其起源之基礎》、《愛彌兒》中對於人性的各種談論，從而鋪陳出盧梭論人性之自然良善的意見。

（二）自然人之描繪

《論人類之不平等及其起源之基礎》第一部份一開始，盧梭便說他要從兩個層面來考察人，一是生理上

一書，德希達大肆解構了盧梭思想中重要的詞彙「自然」，德希達認為盧梭之自然，乃傳統西方在場形上學（métaphysique de présence）的一環，地位對比於柏拉圖的理型、亞里斯多德的實體、中世紀的上帝⋯⋯等，乃是需要拆解的對象。依德希達精湛的哲學觀察，的確提點著吾人，「自然狀態」、「自然人」的確是進入盧梭思想體系最重要的概念。德希達說：「歷史將存在的意義普遍地決定為在場，⋯⋯它們的歷史次序（如同做為視覺在場的理型（eidos）；做為實體（substance）／本質（essence）／存在（existence）的在場；做為現時一點（stigme）的在場，或瞬時一刻（nune）的在場；我思（cogito）、意識、主體性的自我在場⋯⋯）。邏格斯中心主義因此注定將做為在場來做出判斷。」Jacques Derrida, *Of Grammatology*, Translated by Fayatri Chakravorty Spivak（London: The Johns Hopkins University Press, 1976）, p.12.

（physique），一是形上學（métaphysique）與道德上
（moral）。因為盧梭描繪的自然人乃是生活在森林中的
野蠻人，因此，閱讀盧梭在自然人生理上的描寫，吾人
彷彿就快速瀏覽了人類幾百萬年的進化史。盧梭的論述
彷彿是綜合報告，參雜了考古學、十六十七世紀民族誌、
與哲學家的理性推論〔或「猜測」（conjectures）[6]〕等等。

　　盧梭說要從兩足行走的人類〔即直立人（Homo
erectus）〕開始描繪起，在他的描述裡，賦予自然人膽
小、[7]單純（uniforme）、孤獨（solitaire）、[8]簡單（simple）、
與清閒（oisif）、無死亡意識[9]等字眼，「他在一棵橡樹
下飽餐，在第一條小溪旁飲水，在供給他食物的樹下覓

6　這是盧梭自己使用的字眼，自然狀態亦是猜測得出。本文中盧梭的
　　法文文本都是出自盧梭全集，見 Jean-Jacques Rousseau: Oeuvres
　　Complètes, ed. B. Gagnebin and M. Raymond, 1959-1969. 法文出處
　　都將簡寫為 OC Ⅲ, 162. 之體例，筆者翻譯時亦參考李常山的譯本，
　　為求謹慎，有時會將法文全文列出。

7　對反霍布斯的好鬥之自然人。

8　「孤獨」遊蕩的自然人。孤獨與自然人連用，在盧梭主義中乃有深
　　遠的意義。在盧梭的預設中，自然人是孤獨的，沒有任何家庭的關
　　係與束縛，也即是獨立的（independent）。預設了人之獨立，在解
　　釋語言、家庭、農業……的起源上便會非常困難；但預設了人之獨
　　立，即免除了「父權」之可能，如此才能完全呼應盧梭《社會契約
　　論》的第一句話「人生來自由，卻無處不在枷鎖之中。」因此孤獨、
　　獨立、自由等，在盧梭思想中有著其概念內在推論性。

9　盧梭說：「老人們終於無聲無息地逝去，不但別人不會注意到他們
　　的生命的結束，就連他們自己也不會意識到自己的死亡。」Rousseau,
　　OC Ⅲ, 137.。「死亡意識」，的確是考古學上一項重要的指標，
　　埋葬或處理屍體的方式，的確代表著人類是否夠「進化」。

得一棲身之地，那麼他的需要（besoins）便完全滿足了。」[10]在盧梭的想法中，自然人甚至是不使用工具的，[11]他唯一的工具就是他自己的身體。於是便為數百萬年的人類演化史下了註腳：「每一個世代都從同樣的一點開始。……人種已經古老了，但人總還是幼稚的」。[12]

在自然人之形上學與道德的描述部份，有兩個重要的主題：（三）人與動物之同異，（四）道德與德性的起源。人禽之異關乎著人之何以為人。

（三）人禽之異

盧梭的自然人既然是生活在森林中的野蠻人，那麼，野蠻人與動物有何同異？在數百萬年的演化史中，自然人寧靜地生活在亙古的森林裡甚少改變。從《論人類之不平等及其起源之基礎》第一部份過渡到第二部份，盧梭即在描繪這緩慢的人類「演化」史，逐步去推演出語言、家庭、財產制……之誕生。在那寧靜的自然狀態中，野蠻人不折不扣僅是動物，而只在某些「部份」上使得人禽不同。對盧梭而言，人與動物似乎擁有同樣的「特點」，兩者的差異只是程度之別。他說：

> 所有的動物既有感覺（sens）便有觀念

10　Ibid., p. 135. 或見李常山（1997：56）。

11　如此就離開了巧人（Homo habilis）之談論。

12　OC Ⅲ, 137.

（idées），甚至還會把這些觀念在某種程度
上連結起來（combine）。在此層面上，人與
禽獸僅有程度之別。[13]

　　若借用亞里斯多德的術語，顯然，人與動物有同樣
的「本質」：感覺與觀念。值得注意的是「感覺」這個
概念，盧梭被稱為一讚揚「感覺」的哲學家，本文在以
下的論證中將清楚地見出：感覺，是盧梭主義一切推論
的起點。盧梭又說：

　　　在我看來，所有的動物無非是一部精巧
的機器（machine ingénieuse），自然給這部
機器方向，使其自我提昇。[14]

　　綜合以上兩句的談論，則人與動物都是擁有感覺與
觀念的「機器」。差別只在於人在觀念連結上之進步。
盧梭的談論顯然大異於傳統哲學家之定義。然而，在盧
梭的想法裡，人與動物還有兩項差別，一項是「自我完

13 原文為："Tout animal a des idées puisqu'il a des sens, il combine
　 même ses idées jusqu'à un certain point, et l'homme ne diffère à cet
　 égard de la bête que du plus au moins." Ibid., p. 141. 苑舉正的翻譯
　 為：「所有的動物都在感覺中獲得理念，牠們甚至會在某種程度上
　 匯集理念，在這方面人與動物只有或多或少的差別。」苑舉正，《德
　 性墮落與不平等的起源》（台北：聯經出版公司，2015 年），頁
　 237。因為這幾處的文本乃是本論的論證中心，不憚將之詳細列出。
14 Ibid., p. 141.

善性」（perfectibility），盧梭說：

> 　　但是，儘管圍繞著所有這些問題的種種
> 疑難之點，使我們在人與禽獸之間的區別上
> 還有爭論的餘地，然而另外有一種區分二者
> 的非常顯明的特質，而關於此點是無虞爭議
> 的，這種特質就是自我完善化的能力（la
> faculté de se perfectionner）。[15]

　　「自我完善的能力」看似進化論所談的演化能力，這種能力乃盧梭思想中的重要概念，也因著它，人類才得以不斷地進步，從而脫離純粹的自然狀態而進入了不平等的狀態中，相對地，動物僅靠本能生存。探討人類不平等的起源，乃是盧梭寫作《論人類之不平等及其起源之基礎》的最重要目的，由此吾人可以見出「自我完善」能力之重要性。因著自我完善能力，從而人也就脫離了，盧梭所說的「個人會願意停留在那裡：你將會追尋你渴求整個人類在那裡停頓的那個時代」[16]的自然狀態。但同時，「自我完善性」亦是兩面刃，它使人脫離

---

15 Ibid., p.142. 苑舉正的翻譯是：「看看另一個介於人與動物之間非常特別並很重要的區分，這個沒有什麼好爭議的區分就是，自我求完美的能力。」苑舉正，《德性墮落與不平等的起源》，頁238。

16 OC Ⅲ, 133.在下文中，我們更將看出，自我完善性是人類變惡的原因。因著它，人類的觀念越益發展，從而慢慢產生了「好」「壞」「善」「惡」的觀念。有了德性與智慧，但同樣也發展出邪惡與錯誤。

了自然狀態，亦使人發展出危害人類的社會制度〈這即是《論人類之不平等及其起源之基礎》第二部份人人為豺狼的狀態〉。[17]這也是盧梭與其他啟蒙思想家不同之處。後者將自我完善性視為進步的泉源，歌頌它，且將之與啟蒙時代連結在一起。但盧梭卻看出自我完善的兩面性，一方面它使得人類進步，去自然化（denatured）；一方面它卻是人類不幸的來源（不平等的狀態）。

另一項盧梭認為人與動物之別的差異則是「自由意志」〔儘管盧梭本人在《論人類之不平等及其起源之基礎》中從未使用過「自由意志」這個字眼他使用的是「自由行為的特質」（qualité d'agent libre）[18]〕，他說：

> 我確然地在人體這部機器上看到同樣的東西，但有這樣一個差別，在禽獸的運作中，自然支配一切，而人則以自由主動者的特質參與其本身的運作。禽獸靠著本能，而人則通過自由行為來選擇或拒絕。[19]

有趣的是，自由意志乃是存在人性（nature）中又

---

17 相關討論可見 Roger D Master, *The Political Philosophy of Rousseau* （Princeton : Princeton University Press. 1968），p. 69.

18 有兩處關鍵性的引文：「在一切動物之中，區別人的主要特點的，與其說是人的悟性，不如說是人的自由主動者的資格。」OC Ⅲ, 141.

19 Ibid., p. 141.

得以違反自然（nature）的；因為人擁有自由意志，因此他乃是自然界中唯一得以違反自然律的生物。[20]綜合以上引文，敷陳其義：

1.自然人是擁有「感覺」、「觀念」、「自我完善」、與「自由意志」的「機器」。

2.而動物只是擁有前兩者的機器。如果人是「機器」，盧梭是否是說，人確是一部精巧的機器，而人禽之別在於他是一部「精神性」的機器？[21]

顯然盧梭對人禽之別的談論大異於傳統哲學家之定義。

1.在傳統哲學家的論述中，「思想性」從不歸屬於動物，例如亞里斯多德所說：「人是理性的動物。」「思想性」從而標誌為人之所以為人的特點。

2.盧梭的論述也對反笛卡兒以來對人的看法。依笛卡兒心物二元論，思維是心靈實體之屬性，動物沒有思維〔沒有觀念〕能力，因此不擁有心靈實體。而在這個世界中，只有人同時擁有心靈與物質實體。[22]

且就機器之一般定義，機器是屬於廣延性質的物質實體。機器是不可能擁有觀念、自我完善、與自由這三

---

20 關於自由意志的相關討論可見：Dent, N, J, H, *Rousseau : Introduction to His Psychological, Social and Political Theory* （New York : Blackwell. 1988），p. 24.

21 相關討論可見：普拉特納，尚新建譯：《盧梭的自然狀態》（北京：華夏出版社，2008），頁 38-41。

22 見 Descartes 的《沈思錄》第五部份。

項「精神」性的特質。因此就笛卡兒心物二元論而言，盧梭對人的定義顯然自我矛盾。

　　所以盧梭究竟是在心物一元或二元上用詞不清，還是他持著十八世紀「感覺論」（sensualism）的立場？例如，在孔蒂亞克（Condillac, E）的感覺論中，感覺與知覺是人類認知的來源，因此也就沒有獨立於感覺之外的純粹抽象概念，孔蒂亞克不僅反對天賦觀念，更認為所有的觀念都只是感覺的某種形變，感覺論者認為由身體感官的感覺可以發展出理性或悟性。如果盧梭也是一感覺論者，則他所謂的自我完善性之精神性質等，可謂感官進步之後所發展出的中介。動物，雖也有身體感官的感覺，但動物沒有自我完善性，所以不能發展出理性。

　　的確，盧梭對於人類與動物之心靈的描述，在論理上不盡通透。更重要的是，《論人類之不平等及其起源之基礎》中對於人是什麼，與盧梭在《愛彌兒》中對人心靈之論述完全不同。將待第三節再來仔細比較。

（四）形上學與道德

　　依上節之結論，盧梭自然狀態的自然人，除了幾項精神的特點外實與動物無異，他們只是剛脫離動物狀態的原初之人。在盧梭的預設中，自然人處在進化的最開端。僅因幾項精神特質底「幾希」之異，使得人類就此慢慢地脫離自然狀態而邁入了社會狀態。

　　最初的野蠻人蒙昧未開，也就身處「無知」

（ignorance）狀態中，因為「思考的狀態是對立於自然的一種狀態，而沉思的人乃一變質的動物。」[23]自然人不「能知」，他就不能推論，不能分辨，不能記憶；這意味著最重要的一點，自然人沒有理性（raison）的能力。

　　盧梭說，作為森林中一員的野蠻人，天生的感情促使他要先做的天生的需要就是「自我保存」（conservation propre）。為了活下去，第一件事就是要自愛（amour de soi-même）〔或譯為愛己之心、自愛心〕。與霍布斯截然不同的是，盧梭同樣由自我保存出發，但他論證下的自然人卻是單純和平的。主因在於盧梭預設野蠻人是「獨立」的，他沒有意識到他者的存在，當他滿足自己的需要時，「自愛」不會對他者造成傷害。[24]於是盧梭說：

> 依此可斷言，野蠻人不是壞（méchants）
> 的，乃因他們不知道好（bons）是什麼；阻
> 止他們做惡的，並非智慧的發展，亦非法條
> 之規範，而是平靜於感情與無知於邪惡。[25]

23　OC Ⅲ, 138.某層面言，盧梭不過重複著古老的墮落語言，當人有所知道，他就脫離那最幸福的存在狀態。沉淪因著「知道」，這同樣是希伯來民族的信念。

24　可見盧梭最初預設的人類之自愛心的自我保存是多麼節制與微弱，淺嘗則止。因此雖然說，最初的自然人是「無善惡的」，但他的行為表現出來，卻是吾人所認為的善的。

25　OC Ⅲ, 154. 同樣的描述另有：「最初，好像在自然狀態中的人類，彼此間沒有任何道德上的關係，也沒有人所公認的義務，所以他們既不可能是善的也不可能是惡的，既無所謂邪惡也無所謂美德。」

自然狀態裏不存在善惡，自然狀態中倒有好壞之分，自然狀態是「前善惡」的時代，自然人非善非惡，但有好有壞。自然人之間的好壞盧梭稱之為「自然的或生理上的不平等，因為它是基於自然」。人生來會衰老，年輕人自然佔著些體力、年齡上的好處；高矮、胖瘦、男女之別亦同。自然狀態是「前善惡」的時代，故不需要法律、風俗與道德。而「代替（tient lieu）著法律、風俗和道德」[26]的，盧梭稱之為「憐憫」（pitié）〔或譯憐憫心〕。盧梭說：

> 憐憫心非常確定地是一種自然的情感，它調節著每一個人自愛心的活動，所以對於人類全體的相互保存起著協助作用。正是這種情感，使我們無須反思便去援救我們所見到的受苦的人。正是這種感情，在自然狀態中代替著法律、風俗、和道德。[27]

因此吾人可說，在「前善惡」的自然狀態中，「自愛」與「憐憫」[28]是定義自然人的一組「精神」名詞。

Ibid., p.152. bons, méchants 這組詞亦可譯為善惡，此處譯為好壞，乃是因為這一組詞於此處文本尚未有中文善惡那樣強烈的意味。

26 Ibid., p. 156.

27 OC Ⅲ, 156.

28 或者見：「原始人的情慾是那樣的不強烈，同時又受到憐憫心如此

「自愛」乃對己對內，「憐憫」則對人對外。然而憐憫心即是自愛的轉向。「由於人類看見自己的同類受苦，內在就有一種反感的聲音，緩和了他為自己謀福利的衝動。」[29]憐憫與自愛這兩種天生而得的能力調節著人在自然狀態中的一切行徑。理性／感性在此對反，盧梭對人性最初的定義乃是「人是情感的動物」，且是「類道德」的「憐憫」與「自愛」標誌出人之所以為人。由這最微弱的「類道德」之「情感」（passion）[30]出發去談人，即是著名的「高貴的野蠻人」（noble savage）一詞之由來。[31]

　　據此以觀，在自然人的道德人性上可概括出幾點結論：

　　1.如此解釋了何謂盧梭論人之「自然良善」。顯然，當盧梭說最初的人性是「自然良善」時，他心目中的人必定是上文所言的「高貴的自然人」，自然狀態中的自然人雖然尚未有理性，尚未意識到「善」、「惡」等「概

有益的約束，所以與其說原始人是邪惡的，毋寧說他們是粗野的。」Ibid., p157.

29 Ibid., p154. 或見李常山 （1997:83）。「由於人類看見自己的同類受苦天生就有一種反感，從而使他為自己謀幸福的熱情受到限制。由於這一來自人類天性的原理，所以人類在某些情形下，緩和了他的強烈的自尊心，或者在這種自尊心未產生以前，緩和了他的自愛心。」

30 Passion 這個字因著上下文的需要，或者譯為激情，或者情感，或者感情。

31 雖然盧梭本人從未自己使用過這個詞語。

念」，但他的心中「自然」就擁有「類道德」的不可遏
止的「憐憫」與「自愛」之「感情」。

如此，吾人可斷言「自然地良善」（bon naturellement）
之「良善」乃指「憐憫」與「自愛」。在《愛彌兒》第
四書中，盧梭論到自愛時這麼說：

> 自愛，是吾人及所有情感的源頭，初始
> 與原則，是唯一人一出生即擁有且永不離開
> 他的。自愛，先於所有其他的感情，是原始
> 的、天生的感情（passion primitive, innée），
> 而其餘的感情在某種意味上都只是自愛的形
> 變。[32]

由此段引言得知，自愛除了是最原初的感情
（passion）外，其餘人類所發展出來的感情，不論是在
自然狀態抑或在社會狀態中的，都是自愛的形變而已。
此外，自愛這種感情還是「天生的」（innate）。故，吾
人可斷言，「自然地良善」之「自然」之意，大抵指的
是「天生的」，是「生而有之的」，即「自愛」與「憐

---

32 原文為："La source de nos passions, l'origine et le principe de toutes
les autres, la seule qui naît avec l'homme et ne le quitte jamais tant
qu'il vit, est l'amour de soi : passion primitive, innée, antérieure à toute
autre, et dont toutes les autres ne sont, en un sens, que des
modifications." OC IV,491.

憫」是與生俱來的。[33]

　　如此，吾人可斷言，在本文開頭之處所說到的盧梭主義之起點 ——「自然地良善」（bon naturellement）乃指「天生的」「與生俱來」之「憐憫」與「自愛」。

　　2.與一般理性時代的思想家差異之處，「理性」並非盧梭主義的哲學起點，依盧梭，自然人先是一種「感情」的動物，這種感情在野蠻人身上很微弱，但卻是從這星星之火中發展出盧梭主義最重要的思想。盧梭在《論人類之不平等及其起源之基礎》與《愛彌兒》中不斷論證「人性」中這「感情」的部份，尤其在《愛彌兒・第四卷書》中，盧梭由兒童的心理成長史儼然道出了人性情感的生成史。[34]

　　當然，除了感情之外，有時盧梭亦使用「感覺」（sens/sense）這個字去描繪他對人心的體會，如同卡西勒所說：「盧梭對他的時代最為顯著的創新貢獻是將其從智識論（intellectualism）的統治中解放出來。……盧梭提出了感覺（feeling）的力量，挑戰反思與分析理性

---

33 盧梭並不是一個喜愛仔細推敲詞意之內涵的哲學家。的確，「自然」是「盧梭主義」中價值最優位的概念。但此處「自然」之「天生」意僅指出其中的一個面向而已。當盧梭論自然狀態時，其自然乃是在一形上預設的意味下。更重要的是，盧梭的自然有「大自然」之意，在《懺悔錄》、《孤獨漫步者之遐思》、《新愛洛伊絲》……等其他著作中，盧梭之自然的確開顯出「大自然」之浪漫的意味，這也是他被尊稱為浪漫主義之父的原因。

34 如果我們由此論及柏拉圖以來的心理（靈魂）成份的種種談論，吾人亦可說靈魂的生成史。

之諸力量，他成為了激情（passion）和與其不可反抗的原始（primitive）力量的發現者。」[35]

　　的確，盧梭的寫作擁有一動人的感性穿透力，連康德都說，他必須阻止自己不只被盧梭動人文采所迷惑，還要能穿透盧梭感性的文字，看出其中思想論證的精髓。這種抒情的存在之感（senetiment de l'existence）同時貫穿盧梭的文本及人生，在《孤獨漫步者的遐思》的描繪中，在聖日耳曼森林，在聖皮耶島的過活中，在大自然的純粹感性氛圍中，盧梭都經驗了人類感傷與激情的能力。於是，「我感覺，我存在」（je sens, je suis）改寫了笛卡兒的哲學公式。感覺即是浪漫（sentiment），盧梭影響了歐洲的浪漫運動，鼓舞了一整個「感性的時代」（era of sensibility/Empfindsamkeit）。[36]

　　綜合以上兩小節的談論，先得出兩項重點：

　　1.盧梭在《論人類之不平等及其起源之基礎》中，認為人是擁有「感覺」、「觀念」、「自我完善」、與「自由意志」的「機器」。這樣的觀點是否通透？且是否為盧梭一貫的立場？將在下文探究。

　　2.依，人先是一種「感情」（感覺）的動物。而人自然地良善，乃指「天生的」「與生俱來」之「憐憫」

---

35 Ernst Cassirer, *Problem of Jean Jacques Rousseau*. Translated by Peter Gay（New Haven : Yale University Press. 1989），p. 83.

36 Ibid., p 88. 或譯為浪漫的時代。狂飆運動（Sturm und Drang）與浪漫主義都受到盧梭巨大的影響。

與「自愛」。但人性自然良善之真理，又如何構成所有道德原則之基礎，從而又在盧梭的著作中構成一個整體呢？

三、《愛彌兒》中的人觀

在《愛彌兒》一書第四卷中，盧梭提出了截然不同的人觀。在該書中，盧梭堅持傳統的二元論，認為人乃有靈魂／身體的實體二分；由此堅持意志自由、靈魂不滅、與上帝存在的自然宗教論。以下，我們將仔細推敲論證。

（一）意志自由

在《愛彌兒》第四書的第二個部份，藉由一位名為「撒福雅教士」（Vicaire Savoyard）的信仰告白（profession de foi），盧梭表白了自己對宗教與信仰的看法。書中之敘述類似口語談論，在哲學論證上顯得立論鬆散。以下，本文嘗試整理出其中的論證，藉由通篇告白中，盧梭提出了三則信條。

首先談論的是意志。盧梭推論出意志的方式，類似於傳統形上學中的「第一因」（Les prémiéres causes du mouvement）[37]的談論。他先區分兩種變動的可能：1.一個運動（mouvement）之產生，是因著前一個運動。2.若不是因著前一個運動而運動，則此一運動之產生，只

---

37 關於康德對這類證明的反駁，可參見 I. Kant, *KdrV*, A 603-620.

能是來自一個「自發的、自意的」（spontané, volontaire）
活動（action）。依盧梭，屬於第二類的，一個真正的自
發的活動必有「意志」（volonté）在其中。[38]

　　一個「自由的」「活動」必定有「意志」在其中，
這即說出了盧梭對「意志自由」的信念。從以上簡短的
論證可看出，盧梭並沒有證明「意志」之存在；顯然，
意志之存在對盧而言也即是一種「信條」（article de foi）
而已。[39]在此，盧梭又援用了他的感覺學說，盧梭認為，
他可以「感覺」到他自己的意志推動自己的行為（身體
／物質）；因此，就人而言，他的意志是自由的，而有
一個外在於意志的身體依賴著意志而產生運動。這顯然
已經是身心二元論的論點了。

　　本文於上節已得出結論，在《論人類之不平等及其
起源之基礎》一書中，盧梭認為人是擁有「自由行為的
特質」的「精神性的機器」，因為人也是動物的一種，
故人和動物只是程度不同的物的種類。

　　然而，在《愛彌兒》第四書中，盧梭對於人的想法
卻是一種身心二元論的架構。除了此處意志自由的信念
外，在下文中盧梭馬上加入「靈魂」甚或「良心」等精
神性的談論。意志驅動著物質，盧梭說：

　　　沒有哪一種物質的存在其本身是能動

38 OC IV, 576.
39 Ibid., p576. 盧梭在此又稱之為教條（dogme）。

> 的（actif），而我則是能動的。我感覺得到……
> 我有一個身體，他物對它發生作用，而它也
> 對他物發生作用，這互相的活動是無可置疑
> 的；但我的意志是獨立於我的感覺，我贊同
> 我反對，我屈服或我戰勝。……我時刻都有
> 意志的能力，但不一定時刻都有貫徹意志的
> 能力。[40]

這是對於身心二元一段最好的談論，盧梭明白地區分身體與心靈（意志）。意志是自發的，也即是自由的。但意志會軟弱，不一定真能趨善避惡，這符合了從新約保羅以來一貫的墮落的談論。盧梭甚至在《愛彌兒》第四書的上下文中明確地說，他是反對著「唯物主義」的。因為：

> 機器是根本不會思想的（Une machine ne
> pesnse point）。[41]

由此可見，由 1754 年《論人類之不平等及其起源之基礎》發展到 1762 年的《愛彌兒》，盧梭已全然改變他對人的定義了。盧梭的研究者普拉特納說，面對這種不一致有兩種解釋：「第一種認為，盧梭撰寫二論之後，

---

40 Ibid., p 585-586.
41 Ibid., p 585.

改變了自己的觀點；第二種則認為，兩部著作的寫作意圖不同，因而，表述亦不相同。盧梭曾經反覆強調，他的著作具有統一性，倘若由此出發，那麼，追隨後一種方法，以尋求上述不一致的暫時解釋，似乎更為慎重。」[42]

（二）上帝存在

但盧梭更以一跳躍的論證，將人心的意志對比於宇宙的意志，他說：「我相信有一個意志運動著宇宙，給自然生命。」（Je crois donc qu'une volonté meut l'univers et anime la nature）這即是撒福雅教士的第一條信念（prémier article de foi）。[43]而第二條信條是：「如果動作的物質對我顯示出某種意志，則按一定法則而動作的物質顯示出某種智慧，這是我的第二條信條。活動、比較、和選擇，是一個能動和能思的存有的運作：因此此一存有存在。」[44]若綜合第一與第二條信條，顯然吾人可以說，一個自由的活動的意志必然是「有智慧的」，而這是第二條信念所多出來的內容。[45]

42　普拉特納，尚新建譯：《盧梭的自然狀態》，頁40。

43　OC IV, 576.

44　原文為："Si la matière mue me montre une volonté, la matière mue selon de certaines lois me montre une intelligence : c'est mon second article de foi. Agir, comparer, choisir, sont les opérations d'un être actif et pensant : donc cet être existe." Ibid., p 578.

45　而撒福雅教士的第三條信念是：「凡是真正的意志便不能不具有自由。」在這一點上，吾人實在無法見出第三條信念與第一條之間的差異。可見盧梭論證之鬆散。

筆者認為，第一條信念添加到第二條信念，目的只是在推論出「上帝存在」，盧梭說：

> 我因此以為世界是由一個有力量和有智慧的意志管理著的；我看見他，或者說我感覺到了他，我是應該知道他的。……這個自己行動，所要與所能的存有，這個推動宇宙和安排萬物的存在，不管它是誰，我都稱之為上帝。[46]

盧梭的感覺論又再度發揮功能，他感覺到意志，在此又感覺到上帝。但「有智慧的意志」如何「推動宇宙及安排萬物之存在」，盧梭並沒有說明。顯然這有智慧的意志乃直指那位格的單一神。而這樣的上帝，並不脫西方基督教的基本架構。

（三）靈魂不滅／德福一致

從意志自由論到上帝存在，盧梭其實是要區分人的作為與神的啟示（Providence），上帝既然給了人類作為的自由，人類也就不能將世上的罪惡與惡行歸咎給上帝：

> 既然人是主動的和自由的，他自主行

---

46 OC IV, 580-581.

動；他所有自由所作的都不在神啟的系統安
排下（dans le système ordonné de la
Providence），不能由上帝來擔負責任。……
上帝使人自由，最終要讓人通過選擇，不再
作惡，而只行善。[47]

　　在人可以自由行使意志之前提下，人究竟應該為善
抑或作惡呢？在現實的塵世中，好人常常是受壓迫的，
而壞人卻是得意的，既然如此，人類為什麼還要堅持做
一個善良的人呢？為何還要堅持「行事正義，你就可以
得福」這類格言呢？然而盧梭說，正是因為「壞人得意
與好人受壓」，吾人才必須深信「靈魂是非物質的」（l'ame
est immatérielle）。

　　由「德」「福」是否一致或相配的前提，盧梭推論
出「靈魂不滅」之觀點。顯然，這是更為清晰的「身心
二分」之想法。在靈魂這個部份，盧梭明白指出，人由
兩種實體構成，一是肉身的實體，一是靈魂實體。對盧
梭而言，「實體一詞，我一般是用來指某種原始性質的
某物，不包括任何特殊的和第二性的形變」。[48]即事物
分解到最後，僅剩一種同性質的不能再分解的存在，盧
梭便稱之為實體。而人的肉體將會在死後脫離與靈魂的

47　Ibid., p 587.
48　Ibid., p 584.

結合而消滅，但「靈魂則能保存」。[49]

　　從靈魂不滅到德福一致，盧梭的哲學見解並不新穎。然而特別的是，盧梭獨特地將堅信靈魂不滅的想法與其「感覺說」相結合。靈魂不滅並不是被證成的，也不是透過神啟而得以確認的，倒又回到盧梭主義，透過一種盧梭式的「存在之感」而得以確認，盧梭說：

> 我感覺到我的靈魂，透過我的感覺（sentiment）我的思想我認識了它，我不知道它的本質，我知道它是（est）。……除非我同時記住我的感覺，從而也記住我所做的事情，否則在我死以後我就無法回憶我的一生；我毫不懷疑，這樣的回憶將有一天使好人慶賀，使壞人折磨。[50]

　　然而，並不是天堂地獄或賞善罰惡的觀點驅使盧梭的靈魂必須揚善避惡，而是盧梭相信，人的靈魂自然就是「行善避惡」的。在此盧梭引進了「良心」這個概念，這幾乎就是盧梭人性論最深刻的思想之處。人類有良

---

49 Ibid., p 589.

50 原文為："Je sens mon ame, je la connois par le sentiment et par la pensée, je sais qu'elle est, sans savoir quelle est son essence; ……Or, je ne saurois me rappeler, après ma mort, ce que ai été durant ma vie, que je ne me rappelle aussi ce que j'ai senti, par conséquent ce que j'ai fait; et je ne doute point que ce souvenir ne fasse un jour la félicité des bons et le tourment des méchants." Ibid., p 590-591.

心，因為「良心是靈魂的聲音，……良心從來沒有欺騙過我們，它是人類真正的指引（la conscience est la voix de l'ame……la conscience ne trompe jamais, elle est le vrai guide de l'homme.）。」[51]在此，盧梭的靈魂觀連結上《論人類之不平等及其起源之基礎》中的「自愛」與「憐憫」，人類的良心就如同自愛與憐憫那般地自然，乃是一種自然的情感與感覺。盧梭說：

> 為此，你只要能夠辨別的出我們從外界獲得的觀念跟我們的自然的感覺；因為我們感覺先於認識；也由於我們的行善避惡並不是學來，而是大自然給我們這樣一個意志，所以，我們好善厭惡之心也猶如我們的自愛（l'amour de nous-mêmes）一樣，是自然的。良心的行為並不是判斷，而是感覺（Les actes de la conscience ne sont pas des jugements, mais des sentiments）。[52]

良心如自愛一般，是自然的，如上一節所言，良心即是天生的（innate）。於是當盧梭說：人是自然良善（bon）的，他的「良善」之意亦指人乃是天生有良心。盧梭顯然堅持著一種新約式的福音觀，堅持了信仰的價值並非

51　Ibid., p 584.
52　Ibid., p 599.

來自「外在的」（教團、僧侶、儀式……等）力量，而
是來自「內在的」（按盧梭紛亂的詞語，吾人實在很難
去給這內在的精神一個確定的詞語，在道德上我們最好
使用良心這個詞，人性之初我們使用憐憫，但靈魂、意
志……等等亦可）道德力量所體現的超越的價值，而這
良心感覺自有其神聖之處，盧梭是這樣吶喊著「神聖的
良心」：

> 良心啊！良心！神聖的本能，不朽的天
> 國的聲音……沒有你，在我裡面就沒有了優
> 越於禽獸的感覺。[53]

　　良心乃是神聖的，從天國而來的聲音。因此由最內
在的道德力量，驟然之間拉昇到神的領域去。如此吾人
才能確認這內在的感覺，如何與上帝之存在與神啟相應
和。於是盧梭的重要詮釋家 Starobinski 會這樣說：「盧
梭確然願意接受這樣的想法，有一簾幕隔絕了我們和我
們想認識的事物（包含靈魂、上帝之概念）……而若是
要做善行，不需與簾幕後的『無限存有』相連結，道德
的令式（imperative）早已在我們心中。我們必須依賴著
內心的確定性，雖然不是根據客觀的知識，但是仍是絕

---

53 原文為：“Conscience! conscience ! instinct divin, immortelle et
céleste voix…… sans toi le sens rien en moi qui in élève au-dessus des
bêtes.” Ibid., p 600-601.

對的。這良心的法則，是根據著普遍的理性和私密的感
覺，提供穩固的根基。」⁵⁴

四、結　論

　　因此，我們已能見出了《愛彌兒》與《論人類之不
平等及其起源之基礎》對人性論之論題的差異。盧梭認
為人的良心使他優越於動物。在後書中，人與動物都是
擁有觀念的機器，差別只在於人有了自我完善能力與自
由意志；但顯然，這樣的觀點到了《愛彌兒》都被推翻
了，人不僅擁有不朽的靈魂，且理當是因為他的道德力
量而優於動物。而人類的良心就如同自愛與憐憫那般地
自然，乃是一種自然的情感與感覺。如上一節所言，良
心即是天生的（innate）。於是當盧梭說：人是自然良善
（bon）的，他的「良善」之意亦指人乃是天生有良心。

　　顯然，《愛彌兒》中對人性的討論較符合盧梭主義
的立場。因為一般而言，在自然哲學或教育哲學的脈絡
中，盧梭多被認為是感覺或激情的哲學家（當然，在政
治哲學領域，尤其《社會契約論》一書盧梭則表現了非
常的理性推論能力）。但堅持著人之機械動物性並無法
對於盧梭的憐憫心或良心哲學有任何堅實的助益，相較
之下，在後期《愛彌兒》德福一致的觀照下，盧梭無疑

---

54 Jean-Starobinski, *Transparency and Obstruction*, Translated by Arthur
　　Goldhammer （Chicago: The University of Chicago Press. 1988），
　　p.76.

需要訴諸一種靈魂的良善。而正是這種直覺式的來自內心聲音的呼喊，打動了康德；由此我們可見在靈魂與德福一致的哲學上，康德走上了與盧梭一致的哲學道路，並在理論架構與深度上遠遠增補了盧梭的思想。

盧梭人性論與孟子
「性善說」之比較*

一、前　言

　　大哲學家康德經常讚揚盧梭，並認為盧梭發現了真正的人性，《愛彌兒》一書中，盧梭說人性乃是「自然地良善」（bon naturellement），且認為人天生有良心。而在《論人類之不平等及其起源之基礎》書中，盧梭則賦予了自然人「憐憫心」與「自愛之心」的特性。顯然，盧梭認為人性是善的，這與漢語文化中的孟子性善論可否對比？例如，「惻隱之心」是否可和盧梭「人性論」中的「憐憫心」對等比較？

　　（一）本文認為，盧梭的人性論可與孟子之心性論相比較。原因有二：1.盧梭、孟子皆由人禽之別去定義人性。兩者人禽之別都來自憐憫心，即人的倫理屬性構

＊　本論文之研究，獲兩年期科技部計劃補助：「盧梭「人性論」研究」（NSC 98-2410-H-119-011-MY2，98-99 年度）。本論文未曾投稿期刊。

成了人之所以為人。2.盧梭論人最初的倫理特性為「憐憫」，在孟子則是「惻隱之心」，且二氏皆由這最初的善去發展他們後來的對人性的看法。筆者以為，憐憫與惻隱之善乃有相互通之處。

（二）本文認為，若要進一步理解盧梭的人性論，康德的看法是一個關鍵。康德說，盧梭之後，人被隱藏的本性與神的啟示（Providence）才得以證成。筆者以為，康德所言之兩點是相輔相成的；因此透過在《愛彌兒》中盧梭論意志自由、靈魂不滅、與上帝存在的自然宗教論，[1]得以與康德論此三項「設準」之所以成立的德福一致論相對比，從而更深一步理解盧梭的人性論。

（三）此點乃基於第二點而來。在中西人性論的比較上，若論及孟子，吾人所熟知的比較對象是孟子與康德的對比，這部份的對比工作不僅開展已久，而且現代新儒學的前輩們在此用功甚深，成績斐然。在此節中，將試圖透過孟子與康德道德哲學的對比，再進一步完成盧梭與孟子的人性論比較工作。

二、盧梭與孟子人性論的初步比較

以下，將試圖將盧梭與孟子的人性論進行初步的比較。因為在吾人一般的理解中，孟子堅持一「人之異於禽獸幾希」的「性善說」，因此，其言惻隱之心的面向

1　《愛彌兒》中此三項信條之論述，已在本書上一篇論文中整理過了。細節請見上文第三節處。

是否可與盧梭的憐憫達成一對比的可能？並且，以孟子為代表來進行這中西人性論的對比，主要出於幾點原因：1.孟子的人性說耳熟能詳，幾乎已經成為了談論中國人性論時所不能不提及的文本。2.孟子言性善，乍看之下與盧梭的立場不謀而合，乃惻隱之心與憐憫的對比，但內部學說與差異仍須仔細推敲。3.在二十世紀的比較哲學工作中，孟子的性善說已被多方討論。本文試圖在這個基礎上嘗試進一步的研究以期能做出進一步的貢獻。

　　一般而言，吾人皆同意孟子對於人性的理論乃持一「性善」[2]的看法。在〈告子上〉的一到六章中，主要分為兩個部份去反駁「非性善」的談論。（一）第一部份乃是孟子與告子之間關於人性的四折辯論，（二）第二部份乃是公都子所轉述的三種對於性的看法。關於這幾段文本，一般讀者皆已耳熟能詳，且在過往文獻中已有眾多對於二氏論辯成功與否的討論，以下本文僅先擇取一筆者信服的詮釋以說明大要。[3]

　　（一）孟子與告子間的四折論辯，目的皆在說明一

---

2 最典型的立場是孟子的性善與荀子的性惡之對立說。「性善」、「性本善」、「性向善」，都肯認人性（心）是善的。

3 或可參見《圓善論》第一章的分析，見牟宗三，《圓善論》，《牟宗三先生全集》第 22 卷（台北：聯經出版公司，2003 年）。鄧育仁對於孟子告子的辯論有過一番精彩詮釋，從轉喻到重設法則之討論，見鄧育仁，〈隱喻與情理 ── 孟學論辯放到當代西方哲學時〉，《清華學報》第 38 卷 3 期（2008 年，9 月），頁 489-492。

件事：「性善」〔此四折論辯分別是「性比杞柳」、「性比流水」、「生之謂性」、與「仁義內在」，全文列於註釋〕。前兩輪以性比 1.杞柳[4]與 2.流水[5]的「類比」來辯論。劉述先說這兩則「彼此取義不同，並沒有任何決定性」。[6]但在「性如流水」的比喻中，孟子畢竟說出了水必然有就下的事實，而這樣的類比即強調了性就善的事實。劉先生認為下兩折論辯則有其重點。

3.在「生之謂性」[7]的論辯中，告子採取古訓「生」「性」互訓的立場。表面上看來，「『白』是形容詞，『性』是實體詞，孟子的類比似不恰當」[8]，因為「白雪之白：白玉之白」並不能類比於「犬之性：人之性」，但告子承認了前者，他好像被迫接受後者之類比。然而

---

4 告子曰：「性，猶杞柳也；義，猶桮棬也。以人性為仁義，猶以杞柳為桮棬。」孟子曰：「子能順杞柳之性而以為桮棬乎？將戕賊杞柳而後以為桮棬也？如將戕賊杞柳而以為桮棬，則亦將戕賊人以為仁義與？率天下之人而禍仁義者，必子之言夫！」

5 告子曰：「性猶湍水也，決諸東方則東流，決諸西方則西流。人性之無分於善不善也，猶水之無分於東西也。」孟子曰：「水信無分於東西。無分於上下乎？人性之善也，猶水之就下也。人無有不善，水無有不下。今夫水，搏而躍之，可使過顙；激而行之，可使在山。是豈水之性哉？其勢則然也。人之可使為不善，其性亦猶是也。」

6 劉述先：〈孟子心性論的再反思〉，李明輝編：《孟子思想的哲學探討》（臺北：中央研究院中國文哲研究所，1995 年），頁 11。

7 告子曰：「生之謂性。」孟子曰：「生之謂性也，猶白之謂白與？」曰：「然。」「白羽之白也，猶白雪之白；白雪之白，猶白玉之白與？」曰：「然。」「然則犬之性，猶牛之性；牛之性，猶人之性與？」

8 劉述先：〈孟子心性論的再反思〉，頁 11。

一旦告子接受了「犬之性＝人之性」，即歸繆成功。「人之性＝犬之性」，則人犬不分，人禽無別。當然，如劉述先所指出，孟子在這裡提出了一個嶄新的，異於古訓的人性觀點。[9]

　　4.而在「食色性也」與「仁義內在」的談論中，[10]孟子仍主扣著仁義之「內在」的特點。因此，可連結著下文中四端之心與此內在之談論。這都緊緊連結著人「內」「心」之性善的談論。這即是「即心言性」了，如學者說，孟子「從人具體、真實的生命活動著眼，指出貫穿這一切生命活動背後的，實際上存在著一種不為生理本能限制的道德意識 ── 『心』。」[11]

　　（二）在公都子所轉述的告子之談論中，有三種對性的看法。因為這段文字中有著對「非性善」的反駁與對「性善」的正面肯定，摘引全文，且信廣來對這段文字曾有專文討論，茲引其見如下：

────────────

9　即異於「生之謂性」的人性觀。

10　告子曰：「食色，性也。仁，內也，非外也；義，外也，非內也。」孟子曰：「何以謂仁內義外也？」曰：「彼長而我長之，非有長於我也；猶彼白而我白之，從其白於外也，故謂之外也。」曰：「異於白馬之白也，無以異於白人之白也；不識長馬之長也，無以異於長人之長與？且謂長者義乎？長之者義乎？」曰：「吾弟則愛之，秦人之弟則不愛也，是以我為悅者也，故謂之內。長楚人之長，亦長吾之長，是以長為悅者也，故謂之外也。」曰：「耆秦人之炙，無以異於耆吾炙。夫物則亦有然者也，然則耆炙亦有外與？」

11　袁保新：《孟子三辨之學的省察與現代詮釋》（台北：文津出版社，1992年），頁49。

公都子曰：「告子曰：『性無善無不善
也。』」或曰：『性可以為善，可以為不善；
是故文武興，則民好善；幽厲興，則民好暴。』
或曰：『有性善，有性不善……今曰『性善』，
然則彼皆非與？』」（〈告子上〉）

三種對性的看法分別是：「性無善無不善也」、「性
可以為善，可以為不善」、「有性善，有性不善」。第
一種看法乃告子之見，上文已反駁過了。第二種看法與
第三種看法的差異，在於前者強調「人的可塑性」，而
後者「強調人的不易改變」。[12]但很顯然，孟子對兩種
看法中的「可以為不善」與「性不善」都已在引文中反
駁，因為人為不善，乃是「非才之罪」或「陷溺其心」。[13]

總而言之，孟子的辯論大抵是成功的，即他主張人
之性善。那麼，何謂人性善的「內容」呢？[14]在上段引

---

12 信廣來：〈《孟子告子上》第六章疏解〉，李明輝編：《孟子思想
的哲學探討》（臺北：中央研究院中國文哲研究所，1995 年），
頁 15。

13 同上註，見頁 16-17 的論證。

14 本文已經論及，各家詮釋者都同意孟子主張性善，但這性善的「內
容」卻是眾說不一，簡言之可以區分為以下：
　1.性本善：持此說者為本文所引用的牟宗三與李明輝的論點，其書
　目請參考以下相關注釋。或參見王邦雄、曾昭旭、楊祖漢（1983）。
　2.性向善論：持此說者為傅佩榮，他認為不能以「本質」來理解人
　性，因為人性的性質並不固定。見傅佩榮，《儒家哲學新論》（臺
　北：業強出版社，1993），頁 89-97。此一論點關鍵的文本在於〈告
　子上〉「人性之善也，猶水之就下也。人無有不善，水無有不下」。

文中孟子已有企及。但大抵來說，孟子性善說的內容順序：「人禽之別」→四端之心→內聖外王。

（一）「人禽之別」

在〈離婁下〉孟子說：「人之所以異於禽獸者幾希」[15]時，他所言「幾希」處所關懷的重點，一般認為與道德關懷有關。[16]如上文我們已討論過的「生之謂性」的例子，在「人之性不等於犬之性」的論辯中，亦呼應孟

3.用「發生法」去解釋性善：此派學者鋪陳出歷史上各家的孟子註釋，以對比出孟子內在義理的差異與演進。見劉振維：〈從「性善」到「性本善」——一個儒學核心概念轉化之探討〉，《東華人文學報》，（2005, 7），頁85-122。

此文探討何以從原初孟子一書的「性善」說演變到朱熹《四書集注》中的「性本善」說。

二、三家學者多不同意善的四端之「心」的內容，認為此「心」並不是本質或恆定不動的（可參見陳大齊（1980））。此即「動心」。因此有了「向」善說或「發生」的歷史演變。

但二、三家學者多不能融貫詮釋〈盡心篇〉中的若干文本，如本文第六節所引底：「萬物皆備於我。」「夫君子，所過者化，所存者神，上下與天地同流。」「盡其心者，知其性也，知其性則知天矣。存其心，養其性，所以事天也。」第一家學者多能將〈盡心篇〉與〈告子篇〉相融貫詮釋，因而得以引出「超越」或「天道性命相貫通」等談論，或甚而將孟子與康德倫理學相對比，也因此引來更多的討論。

15 此處之上下文為：「人之所以異於禽獸者幾希。庶民去之，君子存之。舜明於庶物，察於人倫。由仁義行，非行仁義也。」（〈離婁下〉）

16 關於孟子人禽之別的文獻討論眾多，可參見牟宗三：《圓善論》，《牟宗三先生全集》第9卷（台北：聯經出版公司，2003年），頁125。或見袁保新：《孟子三辨之學的省察與現代詮釋》，頁45-47。

子所說的人之異於禽獸者幾希的談論，因為如果「人之性＝犬之性」，則沒有「幾希」的空間。如此，也再次強調了這「幾希」處在於人的道德性。孟子乃一直扣著「人禽之別」討論著人性。

　　若牽涉到秦時代對「人」的看法。依信廣來之說，「人有別於禽獸，但在古籍裡論及人與禽獸的分別時，不重兩者生理上的分別，而重只有人才有的人倫關係。」[17]信先生在此列舉了《荀子》與《墨子》裡的兩段文字來舉證。由此見人禽之別在於人倫之辨。因此，在先秦諸子的想法中，人若不只是動物，乃在於人倫關係。

　　最能夠說明孟子道德心的，乃是「人皆有不忍人之心」的例子。這則小故事乃是人倫日常經驗中，吾人都體會過的悲憫之心，孟子是這樣論孺子落井的：

　　　　所以謂人皆有不忍人之心者，今人乍見
　　孺子將入於井，皆有怵惕惻隱之心。非所以
　　內交於孺子之父母也，非所以要譽於鄉黨朋
　　友也，非惡其聲而然也。〈公孫丑上〉

　　惻隱之心乃是毫無遲疑當下生念的，乃是自然而然悲憐他人時所有的立即反應。不經過思考，不通過理性的判讀。這是孟子由「小」處言人的善心，才由此推己

---

17 信廣來：〈《孟子告子上》第六章疏解〉，頁 13。

及人，擴而充之。

（二）四端之心

　　而此「幾希」處亦與孟子的「四端之心」有關。在上文處孟子為了反駁公都子轉述的三種性論，馬上說明了四端之心「人皆有之」，而在〈公孫丑上〉他說無四端之心「非人也」。因此「人」與「非人」的差異在於有無四端之心。孟子說：

　　　　孟子曰：「乃若其情，則可以為善矣，乃所謂善也。若夫為不善，非才之罪也。惻隱之心，人皆有之；羞惡之心，人皆有之；恭敬之心，人皆有之；是非之心，人皆有之。惻隱之心，仁也；羞惡之心，義也；恭敬之心，禮也；是非之心，智也。仁義禮智，非由外鑠我也，我固有之也，弗思耳矣。故曰：『求則得之，舍則失之。』」〈告子上〉

　　　　無惻隱之心，非人也。無羞惡之心，非人也。無辭讓之心，非人也。無是非之心，非人也。惻隱之心仁之端也，羞惡之心義之端也，辭讓之心禮之端也，是非之心智之端也。〈公孫丑上〉

引文中由「乃若……非才之罪也」一段，詮釋者多。據信先生考據，「情」可作「實」解，也作「性」解；分別指一物「真實的狀況」與「特徵性的趨向」。[18]而「才」指的是「四端之心」。[19]故孟子立論，若依人的真實狀況或特徵性的趨向，他的四端之心將為善。故，此道德關懷與「心」、「性」說有關，由四端之心去說性，此乃「即心言性」。

（三）內聖外王

而孟子論心性，皆可由「小」、「大」處言，此乃大體小體之別，「從其大體為大人，從其小體則為小人」〈告子上〉。由小處，則孟子言「人皆有不忍人之心」；並且在說明了四端之心可「擴而充之」後，就引出了「大」處的談論，擴充的四端之心甚至「足以保四海」；[20]孟子的這段談論乃是對著「梁惠王」所說，目的亦是從大處著手，人皆有不忍人之心，而王才能以不忍人之心行不忍人之政而治天下。

---

18 同上註，見頁 2-8 的論證。
19 同上註，頁 8-13 的論證。
20 全文為：「惻隱之心，仁之端也；羞惡之心，義之端也；辭讓之心，禮之端也；是非之心，智之端也。人之有是四端也，猶其有四體也。有是四端而自謂不能者，自賊者也；謂其君不能者，賊其君者也。凡有四端於我者，知皆擴而充之矣，若火之始然，泉之始達。苟能充之，足以保四海；苟不充之，不足以事父母。」（〈公孫丑〉上）

（四）綜而言之

由此可見，孟子的確是由此小處之「惻隱之心」去推展出大處「不忍人之政」的談論。「惻隱之心」確然是孟子心性論的起點。然而，「惻隱之心」是否可和盧梭「人性論」中的「憐憫心」對等比較？[21]

本書上一篇論文中，筆者已論證出，盧梭在《二論》中所說的人之「自然地良善」（bon naturellement），乃從人禽之別的討論中，去論述出人「天生的」「與生俱來」就擁有「憐憫」與「自愛」的能力。而在《愛彌兒》一書中，則闡明了人靈魂中擁有天生的「良心」。那麼，這可以是與孟子惻隱之心相對比的起點。

在此我們必須試圖澄清，或許借用李明輝對於「概念」與「思想內涵」之分別的談論。[22]依李先生，中西思想家在使用體系中的「概念」時，有其不同的術語，如中國人沒有「本質」、「令式」、「自然狀態」等術語，西方人沒有「氣」、「天人」、「境界」等術語，但中西雙方是否有共同都關注的思想焦點，可資異中求

---

21 本文中，我們舉「惻隱之心」去和「憐憫心」相比較。但「惻隱之心」僅是四端之一，其他三者呢？孟子言性善時是否以此四端同等論之？然而，筆者在上文已說明，惻隱之心是孟子談論最多的，且幾乎是最初的良心之展現，故惻隱之心可擴而充之。相對地，盧梭的憐憫乃先於理性，亦是當下生念的，也可擴而推展出其他感情的。於是，本文我們集中討論「惻隱之心」和「憐憫心」之同異。

22 李明輝：《康德倫理學與孟子道德思考之重建》（臺北：中央研究院中國文哲研究所，1994年），頁iii。

同，優劣相較。孟子的「惻隱之心」與盧梭的「憐憫心」就是一個好的例子。在孟子的語境中，沒有「憐憫心」（pitié/compassion）、「自然狀態」、「心靈」這些術語，而在盧梭的語境中，沒有「惻隱之心」、「四端」、「仁義理智」等談論；但是當兩者在談論到「惻隱之心」與「憐憫心」時，他們是否都談論到「人性」中某種善的面向？

1.憐憫對比惻隱之心

　　如果吾人先略去哲學比較時術語的使用差異時，盧梭的「憐憫」與孟子的「惻隱之心」，似乎都是在說，人類面對到他人的苦難時，即使是素昧平生，即使是情況危急，人的內心都會不由自主地發出一種「悲憫」的「情感」（或感覺？），而這種「情感」，構成了人之所以為人且與禽獸有別的心靈特質（即兩人都以人禽之別出發去談論）。

　　盧梭說：「正是這種情感，使我們不加思索地去援救我們所見到的受苦的人。正是這種感情，在自然狀態中代替著法律、風俗、和道德。」與「惻隱之心」一樣，憐憫心亦是毫無遲疑當下生念的，乃是自然而然悲憐他人時所有的立即反應。不經過思考，不通過理性的判讀。[23]因此吾人可以說：

---

23 不論是盧梭的「憐憫」或孟子的「惻隱之心」，在兩人論述的行文脈絡中，都表達出「憐憫」與「惻隱之心」所蘊含的不由自主的自

（1）兩者都是一種「感情」。

（2）兩者都是當下生念的，先於「理性」。

2.良心擴而充之

惻隱之心與憐憫心都是「道德的根基或基礎」。依盧梭，在自然狀態中憐憫心代替著法律與風俗，由《論人類之不平等及其起源之基礎》進展到《論社會契約論》（或《愛彌兒》），盧梭不斷討論著：最初的自愛心與良心要如何保持並擴充。而在孟子，從「惻隱之心，仁之端也」→「凡有四端於我者，知皆擴而充之矣」→「苟能充之，足以保四海」，惻隱之心亦是仁政王道的初始。因此本文認為盧梭的「憐憫」與孟子的「惻隱之心」都是兩人道德體系的拱心石。

透過以上之討論，可見盧梭與孟子人性論確實有其可比較之處。另外，為在中西人性論的對比上，孟子與康德道德哲學的比較進行已久，且成績斐然。因此，本文認為，若進一步釐清盧梭與康德倫理學之間的關係，不僅可以更加辨明 1.盧梭的人性論，且 2.藉由康德，可深掘盧梭與孟子在人性論上的聯繫。

發的特性。另外，孟子對「惻隱之心」的談論，還有一個相容的特色點，即「不學而能」，這在盧梭「憐憫心」處也展現出。

三、盧梭與康德道德哲學間的關聯

（一）盧梭的崇拜者：康德

康德對於盧梭的仰慕是無庸置疑的，閱讀《愛彌兒》而延誤散步時間之軼事讓人津津樂道。但是，康德於著作中直接論述盧梭哲學的篇幅卻不多，且往往讀來是如下的溢美之詞，讓詮釋者難以掌握思想精義，康德說：

> 我天生上就是一個真理的追求者，對於知識我感到熱切的渴望，有一股不熄的熱情要在知識中前進，同時每走一步就無比滿足。有一段時期，我認為僅僅這些就構成了人類的榮耀了，然後我卑視無知的一般人。盧梭導正了我。這種盲目的偏見消失了；我學會了尊重人性；如果我不相信這種觀點可以讓所有的人建立人類的權利的話，則我自認為比一般的工人還無用。[24]

盧梭如何讓康德從而能尊重一般（ordinary）人，尊重「普遍的人性」？如何讓康德不再驕傲於知識的冠冕？

---

24 轉譯自 Ernst Cassirer, *Rousseau, Kant, Goethe : Two Essays*. Translated by James Gutmann, Paul Oskar Kristeller, and John Herman Randall, Jr. （New York : Harper & Row. 1963）, pp.1-2.

光從以上的引文，吾人難以揣想其意。康德論到盧梭時，常因為論說的題旨太過廣泛，以致後者對前者的學術影響難以看出，更遑論以盧梭的《論人類之不平等及其起源之基礎》、《愛彌兒》等著作去連結康德三大批判間的思想理路。

　　表面看來，盧梭是位文學風格強烈的思想家，但康德卻是寫就三大批判，論證異常嚴謹綿密的哲學家。更重要的是，盧梭似乎是個強調「感情」（或感覺）至上的作者，但康德卻是不折不扣論證「格律」與「定言令式」的義務倫理學家，二者對於人類之道德行為與心理論點似乎風馬牛不相及。

　　然而，卡西勒卻下了一個斷語，他說：「盧梭的倫理學不是一種感情倫理學，而是在康德之前所確立起來的最定言形式的純粹責任倫理學（Gesetzes-Ethik）。」[25]在本書上一篇文章中，我們已經整理出盧梭「神聖良心」之談論，筆者以為，經由上一篇論文對《愛彌兒》人性論的整理後，吾人才可由此連結盧梭倫理學對於康德的影響，才可以見出卡西勒此段論述的意義。更重要的是，經由這條路線，吾人才得以解讀康德這段非常著名卻難以理解的談論，康德說：

　　　牛頓是第一個在從前盛行的亂象與紛

---

25 Ernst Cassirer, *Problem of Jean Jacques Rousseau*. Translated by Peter Gay.（New Haven : Yale University Press. 1989）, p.96.

雜之中見出偉大直截之秩序與規律的人。自
牛頓以後，慧星遵循了幾何學的軌道。盧梭
則是第一個在繁富多變中，見出深深隱藏了
的人性，而他觀察出的那被埋沒的法則，得
以證實神的啟示（Providence）。在兩人之前，
阿佛索國王（Alfonso）[26]與陰間諸神（Manes）
[27]之對反仍有效力。在牛頓與盧梭之後，上帝
就被證成了（justified），而從那時候開始，蒲
柏（Pope）[28]的格律卻有真意。[29]

在這段話中，康德讚揚了他的兩位偶像：牛頓與盧
梭。牛頓整理出一個由力學所規範的機械化宇宙，整理
出外在世界的自然律。相對地，康德讚揚盧梭整理出內
在世界的自然律；以兩點言：1.盧梭挖掘出那被隱藏的
人的本性，2.盧梭所考察出的人的法則得以證成神的啟
示（Providence）。換言之，當康德將兩點並置以讚揚

---

26 阿佛索，古西班牙國王（King Alfonso of Castile,1221－1284），相
　傳他在研究了托勒密天文學後，認為這個宇宙體系毫無規律，而抱
　怨神為什麼不把這個世界造得更好。
27 Manes，羅馬神話中所愛的人死後變成的靈魂。
28 蒲柏（Pope, Alexander），十八世紀英國大詩人，人論為其最著名
　的詩篇，凡學習英國文學者必讀。該詩極力闡明上帝示人之道，且
　因人不明瞭神的旨意，便不能抱怨人在存有之鍊中的遭遇與磨練，
　因「凡存在，皆是」。
29 轉譯自 Ernst Cassirer, *Problem of Jean Jacques Rousseau.*

盧梭時，這兩點必定是康德心目中盧梭哲學之精義。[30]因此，卡西勒說：「這就是為什麼在十八世紀誕生的那位唯一的絕對倫理的思想家，那位『實踐理性至高無上』的倡導者（康德），幾乎是在這一點上完全理解盧梭的唯一一人。當康德寫道，如果不能使得正義獲取勝利，人類存在於世界便沒有任何價值時，他表現出一種真正的盧梭式的思想與感覺（sentiment）。」[31]

　　但是，如何透過這兩點去連結康德與盧梭，仍非易事。我們須進入到人性論與神義論的討論。

（二）人義論[32]

　　讓我們回到盧梭的性善論去說明這一點，如若回顧《愛彌兒》的第一句話：「出於造物主之手都是好的，但一到人類手中便都衰敗了。」[33]也就重新審視了盧梭主義的所有計畫。

　　當人性天生就是善的，這有幾層意義：1.盧梭反對了基督教的原罪觀，從而讓自己成為異端而引起了舊教的撻伐。2.從而也說明了，在盧梭的思想中，造物者（上

---

30 關於康德對盧梭的繼承與闡發還可參考 Michael（2006:48-52）。

31 Ernst Cassirer, *Problem of Jean Jacques Rousseau*, p.70.，或見中譯本，恩斯特・卡西勒，王在華譯，《盧梭問題》（上海：譯林出版社，2009），頁 61。

32 關於由神義論到人義論之間的轉折，與盧梭在其中的地位，請參見劉小楓（1998）第一章。

33 這一句話，同樣也是論不平等中自然狀態的最重要的一句話。

帝）不需為社會狀態或社會人（兩者都脫離了原初的自然）之惡（不善）負責。於是上帝就卸下了責任，一切對惡的譴責都歸咎於人自身。因此，如果我們不能從上帝，及人的本性去回溯惡的問題，則惡的根源從何而來？人心之惡，人類之不平等與不自由之惡從何而來？

若吾人追索《論人類之不平等及其起源之基礎》到《論社會契約論》這條路線，顯而易見的是，盧梭將這「可歸罪性」（imputability）丟給「社會」，如同在論到人類心理時，自愛心（amour de soi）來自自然天性，而自尊心（amour proper）這惡的根源則來自於人群。[34] 這是盧梭主義著名的二元論：善與惡，自然與社會，自愛心與自尊心……。人類不平等之惡，乃是出於人類自己；重而拯救之道的社會契約，也是來自人類自己的努力。

然而，面對大自然之惡呢？在面對非人為之天地不仁時，自然的「惡」與公理正義之衝突呢？

1755 年的里斯本大地震是一場最好的探問。該場世紀大地震，房屋倒塌數十萬棟，六至十萬人死亡，隨即而來的海嘯完全摧毀了里斯本城。論者曰，該場大地震乃西元五世紀羅馬帝國崩解以來最嚴重的歐陸災害。面

---

34 筆者必須說，這樣的二分過於粗糙。在《論人類之不平等及其起源之基礎》中，自尊心的確是惡的根源，是自愛心的對立面。但在《愛彌兒》中，自尊心成了社會化之人性的可能，而在《論社會契約論》中，自尊心與建立人之自然權利有關。相關討論，見 Frederick Neuhouser, *Rousseau's Theodicy of Self-Love*（New York: Columbia University Press. 2008），pp.1-153.

對大自然的噩耗時，啟蒙思想家之間引發了激烈的思想辯論。

　　有識之士如伏爾泰反應激烈，伏氏書寫一首〈里斯本災難詩〉（Poème sur le désastre de Lisbonne）哀嘆天地不仁，以萬物為芻狗。悲觀的伏爾泰在該詩中嘲諷英國詩人亞歷山大·蒲柏〈人論〉（An Essay on Man）中的名句：「凡存在，皆有理」（Whatever is, is right），[35]且極力反對萊布尼茲「此世是所有世界中最好的一個」的說法，從而詆毀萊布尼茲的神義論（Theodicy）。並且在控訴上天之際，顯露了不可知論者的傾向。此外，伏爾泰後來出版的小說《老實人》（Candide）[36]中，藉著遭遇到里斯本大地震的憨第德這個老實人的口吻，極力嘲諷天地無情。

　　相對於伏爾泰的言論，盧梭在 1756 年回了他一封信，預先宣告《愛彌兒》第四卷中的信念。盧梭在信中不斷提及萊布尼茨與蒲柏，支持著「此世是所有世界中最好的一個」這一命題。相較於伏爾泰不認同二氏「萬事皆善」的哲學，盧梭認為，伏爾泰只是加劇了悲慘的

---

35 以下為所引之上下文：
　　"All Nature is but Art, unknown to thee;
　　All chance, direction, which thou canst not see
　　All discord, harmony not understood,
　　All partial evil, universal good:
　　And, spite of pride, in erring reason's spite,
　　One truth is clear, whatever is, is right."

36 伏爾泰著名小說，此書名乃名翻譯家傅雷之迻譯。

感受，「不幸的人啊，永遠地受苦吧」這樣的說詞，只是讓人類的處境更加難堪與悲哀。因此，伏爾泰的哲學不僅非樂觀主義，甚至連宿命論者都比不上。在給伏爾泰的信中，盧梭這樣宣稱：

> 即使是所有形上學的崇高主題，也不會使我對靈魂的不滅與仁慈的神的啟示，有片刻的懷疑。我感覺它，我需要它，我希求它，我會捍衛它直至生命終了。[37]

　　盧梭從來不在乎物理惡的問題（如痛苦、受傷、不幸……等），在《愛彌兒》的教導中，他用的方法是輕視它與習慣它。面對里斯本大地震這樣的天災時，他要人們捫心自問，究竟有多少的傷亡是人類自己造成的：如果人類不群聚在大都市？為何沙漠中不會有地震的研究或討論……等。這樣的詢問重覆了《論人類之不平等及其起源之基礎》中的基調，在多少程度上，惡乃是人類自己的成果？

　　因此，面對大自然的惡時，由 1756 年致伏爾泰的信一直到 1762 年寫作的《愛彌兒》，盧梭想法始終一貫。

---

37 原文為："Toutes les subtilités de la Métaphysique ne me feront pas douter un moment de l'immortalité de l'ame, det d'une Providence bienfaisante. Je la sens, je la crois, je la veux, je l'espere, je la défendrai jusqu'à mon dernier soupir." OC IV, 1075.

面對現實社會之惡時，盧梭的解決之道來自人自身的努力（訂定一社會契約）。但在面對自然之惡時，盧梭關心的是，人類的存在如何能讓幸福與德行相和諧？盧梭關懷人類的尊嚴，及如何堅固與實踐這項尊嚴。[38]這關鍵在於致伏爾泰信中的「靈魂不滅」、「仁慈的神啟」與《愛彌兒》重複的幾大主題「意志自由」、「上帝存在」、及「靈魂不滅」；以上所言，後來全成了康德倫理學中的重要概念。在「幸福」與「德行」之間，「幸福」與如何「配享有幸福」之間，全都是康德倫理學的核心命題。於是卡西勒說得好，那位「實踐理性至高無上」的康德，幾乎是完全理解盧梭的唯一一人。康德看透了盧梭的倫理與宗教藍圖。

（三）康德的倫理學

因此，本文有必要對於康德如何繼承盧梭的倫理學有所描述。但鑑於康德哲學體系博大精深，本文在此僅能言及其大略的道德思想精華而已。在《實踐理性批判》中，康德認為，實踐理性為了追求無條件的總體性而有了「最高善」（或譯「圓善」）（highest good），這最高善是我們有限的理性存有者所欲求的對象，而最高善的達成，須要求「德性」與「幸福」之一致。依康德，人既為一有限的存有，在有限生命中無法求得圓滿之德

38　Ernst Cassirer, Problem of Jean Jacques Rousseau, p.71.

福一致。因此，為達圓滿之德福一致，人類的實踐理性
必須提出三項設準（Postulate）：即「意志自由」、「靈
魂不朽」、與「上帝存在」。這三個設準乃是人類在追
求無條件的圓善之同時，道德法則所不可缺少之理論假
設。[39]

　　依康德之義務倫理學，真正的道德行為乃是以「應
當」來表述。道德理性自身自己為自己確立應當的行為
法則，此乃是「自律」。因此唯有「自由」之「意志」
才能為自己確立道德法則。同時，唯有這確立的道德法
則能夠普遍化為所有人應當如此之行為時才是真正的自
由。自由是如此重要，意志自律能將自由與道德法則結
合為一。因此康德將「自由」稱為他整個純粹理性體系
中的「拱心石」。由於人類有擺脫自然法則之限制而有
「意志自由」的能力，如此實踐理性才能以圓善作為它
的最高理想。而由於人類的有限性與毀朽性，因此必須
假設「靈魂不滅」，原善才有實踐之可能。最後，為了
保證德福真能一致而實現，必須假設一上帝使德性與自
然世界中的幸福相協調而一致。以上所言，我們僅能說，
大致簡述了康德論德福一致與三大設準的思想。

（四）神聖的良心

1.三大設準之討論

　　由以上可見，歷來許多評論家都把康德的「實踐理

---

39 此段乃簡述，詳見參考康德《實踐理性批判》辯證論第四第五節。

性批判」中對於義務的強調，跟盧梭「信仰的告白」中
這一段排比並列，並非沒有原因。於是，著名的盧梭詮
釋者 Starobinski 便明白地這麼說，他說：

> 康德的實踐理性的前提，其實就是把上
> 述的盧梭的主張賦予哲學的形式。[40]

　　但盧梭與康德對於德福一致之三大設準的出發點仍
大不同。不論對於意志，對於靈魂，還是上帝之存在，
盧梭最終也最直接的論點是，他「感覺」到這些存有之
存在；感覺，是最初最直接的感受。盧梭對人內在的描
述，人性的特點，不論是「自愛」、「憐憫」、「靈魂」、
「意志」、還是「良心」，盧梭對人「心」的定義永遠
都是從感覺開始的。的確，感覺一詞，尤其是在哲學術
語中使用，容易顯得粗糙而充滿不確定性。畢竟，感覺
容易人云亦云，每個人對感覺的使用定義不同。因此盧
梭使用「感覺說」，顯得浮動粗淺，因此卡西勒說：

> 　　「感覺」（sentiment）一詞時而帶有純
> 粹自然主義，時而又帶有觀念論的印記；盧
> 梭有時只在情緒（sentiment/Empfindung）的
> 意義上使用它，有時又在判斷和倫理決定的

40　Jean-Starobinski, *Transparency and Obstruction*, Translated by Arthur
　　Goldhammer（Chicago: The University of Chicago Press. 1988），p.76.

意義上使用它。……對盧梭來說，感覺有時
僅是心理上的感受，有時它又是靈魂特有的
和本質的活動。[41]

然而，只有卡西勒才能清楚地看出，盧梭為人心所
下的定義，盧梭真正意義下的感覺說。只有在靈魂的存
在之與靈魂內在的那個感覺的良心，才能盧梭以為的能
真正確保人之所以為人的價值所在：

只有經由「撒福雅教士的信仰告白」中
這些聞名遐邇的語句，我們才能抵達盧梭感
情學說的真正核心。直到此時，他獨特的原
創性才完全顯現，我們才瞧見了將其與 18
世紀形形色色的「感覺性」（sentimentality）
趨勢截然分別開來的那個嶄新的維度。盧梭
的『感覺性』根植於他的自然─知性與自然─
感情，但從這些根基出發，它提昇到了一個
新世界：它指出了進「智性」（intelligible）
的道路，而且只有那個領域中才真正地實現
了自身。[42]

---

41 Ernst Cassirer, *Problem of Jean Jacques Rousseau*, p.110.，或見中譯
本，恩斯特・卡西勒，王在華譯，《盧梭問題》，頁 98。
42 Ibid., pp. 109-110. 或見中譯本，同上註，頁 98。

　　與整個十八世紀一樣，盧梭一再地努力
調和「幸福」（happiness）和「德性」（virtue），
努力協調「該幸福」（being happy/Glü
ckseligkeit）與「配享有幸福」（deserving to
be happy/Glückwürdigkeit）。但恰恰是通過
這些努力，對於此問題幸福論的表述已經容
不下他內在自在自我的發展。他給幸福本身
指定的是一個純然「智性的」，而不是純然
感官的目標。[43]

　　盧梭與孔蒂亞克對「感覺論」的談論有若干相似處；
盧梭堅持人與動物一樣都是擁有觀念的機器，因此人的
觀念與抽象概念都可以是由感覺形變而來。但此處，卡
西勒卻將盧梭的感覺說獨立出來而賦予它獨特與神聖的
地位。於是當盧梭在《愛彌兒》中訴說：「良心啊！良
心！神聖的本能，不朽的天國的聲音」，他的良心並非
是一種模糊的、人云亦云的感覺而已。相反地，這種良
心乃是來自內心深處的真摯之神聖聲音。於是，在德福
一致、幸福與配享幸福之間，盧梭強調的是一種感覺的
良心的體驗。這良心並非僅是自然本能，而是神聖的本
能。這是自我最深沈的良心的體驗。盧梭的倫理與宗教
思想，最後也將回歸且訴諸於這神聖的感覺之良心說。

43　Ibid., p. 116. 或見中譯本，同上註，頁103。

卡西勒說：「由於內在性與倫理的自律，人類現在進入
到『智性』存有的核心。通過自己立法，他證明自己並
不完全受制於自然的必然性。」[44]

　　就這樣，卡西勒為吾人搭起了由盧梭到康德的這一
段思想路徑。但吾人已經很清楚地知道，在康德那邊，
「感覺」僅只在自然法則的世界中歸屬於感性的層次。
在康德，道德法則絕不可能是由感覺而訂定。而意志自
由、靈魂不滅、與上帝存在，乃是實踐理性在追求無條
件的總體性之「最高善」時，所不得不有的三大設準。
然而在盧梭，此三項並非只是作為預設而以，盧梭乃是
由他的良心直接感覺到此三者之存在。此乃兩位思想家
截然不同之處。

2.良心之直接肯定

　　綜合以上，本文已經能夠回答了以上康德讚揚盧梭
之處。由於盧梭直接肯定那埋藏在所有人心中的善良的
本性，那善良的本性乃是由上天給予，且是人人皆有；
因此康德說，盧梭讓他開始能夠尊重一般（ordinary）人，
尊重「普遍的人性」。

　　另外，由人的神聖的良心說到上帝存在，因此康德
讚揚盧梭所考察出的人的法則得以證成神的啟示
（Providence）。也因此，康德認為盧梭解決了神義論

---

44 Ibid., pp. 114-5. 或見中譯本，同上註，頁 102。

的問題，是故康德將盧梭與牛頓並列。

四、盧梭與孟子人性論再對比

在中西人性論的比較上，若論及孟子，吾人所熟知的比較對象是孟子與康德的對比，這部份的對比工作不僅開展已久。以眾所皆知的「道德底形上學」與「道德的形上學」之二而言，牟宗三先生認為西方的康德將上帝之理念視為設準，只成就了「道德底形上學」。而中國則自孔孟以來，以人的內在道德言性，由「盡心知性以知天」之教成就了「天道性命相貫通」，因此是「圓教」的「道德的形上學」。

在上文中，本文已初步地對比過盧梭與孟子的人性論。且論及了盧梭與康德在倫理思想上的路線繼承與影響。那麼，在此節中，將試圖透過孟子與康德道德哲學的對比，且在前輩學者成就的比較哲學之基礎上，[45]試圖藉由康德，再進一步完成盧梭與孟子的人性論比較工作。

（一）感情的對比

在以孟子心性論與康德倫理學對比的工作上，曾有

---

45 本文在此選擇的是牟先生一系的談論。但本文已論及，肯認孟子言性善是容易的，但往往進一步詮釋為「性本善」、「性向善」、或「天道性命」之關係時，則各家爭議頗大。但因本論文主體為盧梭人性論，故無法細究孟子詮釋各家差異。且牟先生在孟子／康德比較倫理學上實有獨到見解，且與盧梭人性論相關，故選擇以《圓善論》的立場進一步對比盧梭／孟子倫理學。

過一段思想的辯論。爭議的焦點在於：孟子所言的「惻隱之心」乃是一種道德的情感；而康德的自律倫理學以意志（實踐理性）為道德立法，而這意志之自律乃是屬於「智思世界」。兩種倫理學分屬不同層次，故無法對比。

持此說的有黃進興。他認為，四端之心乃是具經驗意義的道德感，與「赫京生、休謨所說類似，乃以道德感（moral sense）作為倫理判斷的依據。」[46]因此，四端之心並非「形而上的抽象觀念，乃是具有經驗意義的『道德感』。孟子的『四端說』實為以後儒家倫理哲學的主流，尤以宋明理學中陸、王一系為是。」[47]依黃先生的談論，他所指涉的該是上文已經討論的這兩段文本：

　　　　所以謂人皆有不忍人之心者，今人乍見孺子將入於井，皆有怵惕惻隱之心。非所以內交於孺子之父母也，非所以要譽於鄉黨朋友也，非惡其聲而然也。〈公孫丑上〉

　　　　惻隱之心，人皆有之；羞惡之心，人皆有之；恭敬之心，人皆有之；是非之心，人皆有之。惻隱之心，仁也；羞惡之心，義也；恭敬之心，禮也；是非之心，智也。仁義禮智，非由外鑠我也，我固有之也。

---

46 李明輝：《孟子重探》（臺北：聯經出版公司，2001），頁112。
47 轉引自李明輝（1990:13）。

的確，就「惻隱之心」來說，孟子所舉乃一日常經
驗的尋常例子：如果看到一小孩童將掉到井裡，吾人都
會覺得不忍「心」，而此一憐憫心並非由外在而來的，
乃是一種由內而發的聲音。就因為孟子所提供的是一敘
事性的情節，因此，「惻隱之心」看來是尋常的經驗，
乃是道德的感情。

因此，爭議的關鍵在於這兩點：1.「惻隱之心」是
否該以「感情」來解釋？2.若「惻隱之心」是感情，則
這是一經驗的感情，抑或是一先天或超越的感情。（這
兩點疑惑，同樣是對盧梭「憐憫心」之質問。[48]）

投入論辯的李明輝承牟宗三之學說，力持孟子心性
論可與康德倫理學對比，並且他另闢蹊徑，將「四端之
心」歸諸於謝勒之「德國現象學倫理學所謂的「情感先
天性」（das emotionale A priori），而視之為一種先天
的意向性體驗。」[49]牟宗三與李明輝的意見分別是：

> 道德感、道德情感可以上下其講。下
> 講、則落於實然層面，自不能由之建立道德
> 法則，但亦可以上提而至超越的層面，使之
> 成為道德法則、道德理性之表現上最為本質

48 我們在本書上一篇論文及上文處已闡明了盧梭憐憫心之感情與先
天問題。
49 轉引自李明輝：《孟子重探》，頁112。

的一環。[50]

　　孟子學事實上打破康德倫理學中情感
與理性二分的架構。在康德倫理學中，一切
情感均被排除於道德主體之外，而道德主體
（嚴格意義的「意志」）只是實踐理性。但
在孟子，道德主體（本心）是理（仁義禮智），
也是情（四端之心），這無異承認現象學倫
理學所謂「情感先天性」底領域。鑑於德文
Gefühl（情感）一詞之多義性，謝勒特別用
Fühlen 一詞代之，而論及所謂「價值感」
（Wertfühlen）。一般所謂「情感」（Gefühl）
係建立於在肉體中有確定位置的感性狀態
上，而謝勒底「價值感」卻是一種先天的意
向性體驗。套用謝勒底術語，我們可以說：
四端之心是一種 Fühlen，而非 Gefühl。它事
實上表現道德主體自我實現的力量，而不只

---

50 同前註，頁 116。牟先生又說：「這種心、情，上溯其原初的根源，
　是孔子渾全表現的『仁』：不安、不忍之心，悱惻之感，悱啟憤發
　之情，不厭不倦、健行不息之德，等等。這一切轉而為孟子所言的
　心性：其中惻隱、羞惡、辭讓、是非等是心，是情，也是理。理固
　是超越的，普遍的，先天的，但這理不只是抽象地普遍的，而且即
　在具體的心與情中見，故為具體地普遍的；而心與情亦因其即為理
　之具體而真實的表現，故亦上提而為超越的、普遍的。」

是一種被動的感受性。[51]

於是，在李先生的詮釋中，四端之心既是天理也是感情，且因為它是先天的，也就不是英國經驗派所說的道德感。而四端之心，以牟先生的話來說，即「超越的本心。」[52]也因為李先生認為孟子性善論中有康德哲學的面向，是絕對與普遍的，因此對於解釋「今人乍見孺子將入於井，皆有怵惕惻隱之心」一句，便將這「不忍人知心」或「怵惕惻隱之心」視為康德的「定言令式」，是一種無條件的道德要求。[53]

（二）盡心知天，道德的形上學

如同牟宗三的二分，康德只建立起「道德底形上學」和「道德的神學」，而未能企及宋明儒家所成就的「道德的形上學」。依牟先生，「道德底形上學」只是道德原理之先天地分析，如同康德在《道德底形上學的基礎》一書的前兩章和《實踐理性批判》所作的工作那樣。但如同在上文所分析處，為了追求無條件的圓善，道德法則之理論假設必須預設「意志自由」、「靈魂不朽」、與「上帝存在」之設準。但牟宗三認為，因為康德以為人類並沒有「智的直覺」，「康德不承認人有智性直觀，

---

51 李明輝：《儒家與康德》（臺北：聯經出版公司，1990），頁 38。
52 同上註，頁 38。
53 同上註，頁 51。

因此他認為：道德法則何以會引起道德情感，這個問題永遠無法為我們所理解，因而是在實踐道德底極限之外。」[54]故，「意志自由」、「靈魂不朽」、「上帝存在」三理念，僅能是「設準」。因此，康德並未成就道德的形上學。但在孟子就非如此，誠如李明輝所說：

> 正如康德透過我們的道德意識去設定上帝底存在，孟子也由我們的道德心去證知天之創造性。唯一的差別在於：康德不承認人有智性直觀，故上帝底存在係間接地透過道德意識而被證明，因而只是一設準（Postulat），但在孟子卻無此種限制，故天之創造性可直接就四端之心認取之。在智性直觀底觀照下，心、性、天、物均是康德所謂的「理體」。同一實體，主觀而實踐地說，是心、性，客觀而絕對地說，是天，其實並無分別。此一實體底創造性之所至即是物，因此孟子才能說『萬物皆備於我』、「上下與天地同流」。[55]

這段文字明白地告訴我們，何以牟宗三認為康德無法企及道德的形上學，關鍵的哲學概念為：「智的直

---

54 同上註，頁 26。
55 同上註，頁 93。

覺」。[56]由於康德否認人有智的直覺，因此，上帝、靈魂、意志之存在乃是間接證明的，故僅是「設準」。但在孟子卻沒有這個問題。

上段關於孟子的引文皆出自〈盡心篇〉，分別為：

> 萬物皆備於我，反身而誠。
>
> 夫君子，所過者化，所存者神，上下與天地同流。
>
> 盡其心者，知其性也，知其性則知天矣。存其心，養其性，所以事天也。[57]

這可說是論到孟子心性論或人性論時最難以詮釋的段落了。在第二節處，本文已經整理過，要肯認孟子言性善是容易的，但往往再進一步詮釋為「性本善」、「性向善」、或「天道性命」之關係時，就是因為這幾段文本的註釋而引發爭議。因此，如何詮釋也就如何影響了

---

56 「智的直覺」之判讀，影響到牟先生「道德的形上學」與「道德底形上學」之立論。因此，如何解讀「智的直覺」與康德學說及中國哲學之關係便至為重要。而解讀的結果也直接影響到本文的論證是否成功：因為本文是以牟先生「中國／康德」之智的直覺的分野去對比盧梭的人性論。牟宗三先生談智的直覺與中國哲學之關係處可見，《智的直覺與中國哲學》第十八章。而若干反對牟先生意見者可見：1.馮耀明（2003），與 2.鄧曉芒的諸篇文章，如牟宗三對康德的誤讀舉要：關於智的直觀參見 http://www.xiaomang.com/index.php。

57 此句之解可參見黃俊傑（1992），黃先生在此文中並列了趙岐、朱熹、焦理堂等大家之註釋，並進而詮釋。

孟子人性論與「天道」、「超越」之關係如何。[58]如勞
思光先生便反對盡心篇中有任何形上學的意涵。[59]但持
孟子屬道德的形上學的牟先生認為，盡心知性之「知天」
是：「知道於穆不已的天道之何以為創生萬物之道」，
而存心養性之「事天」，牟先生則說：「所以仰體天道
生物不測之無邊義蘊而遵奉之而無違知道」。[60]於是他說：

> 康德只承認有一道德的神學，而不承認
> 有一神學的道德學。依儒家，只承認有一道
> 德的形上學，而不承認有一形上學的道德
> 學。此義即由孟子盡心知性知天而定，決無
> 可疑者。[61]

此心即是陸象山談話的立場：「孟子云：盡其心者
知其性，知其性則知天矣。心只是一個心。某之心，吾
友之心，上而千百載聖賢之心，下而千百載復有一聖賢，
其心亦只如此。心之體甚大，若能盡我之心，便與天同。」
（《陸象山全集》卷35）

---

58 前兩句，唐君毅先生的解讀是：「天與鬼神在此敬之內，則天與鬼
神雖高，此人之敬亦與之俱高，而未嘗低。……天與鬼神之德之事，
亦必當如此說。然既共流行，則于此流行處看，天、鬼神與聖人之
德之事，即合而為一。」見唐君毅：《中國哲學原論、原道篇》（香
港：新亞書院研究所，1973），頁236。
59 見勞思光，《新編中國哲學史一》（台北：三民書局，1981）關於
孟子處。
60 牟宗三，《圓善論》。
61 同上註，頁131-2。

五、比較之結論

（一）感情之先天性

如果吾人接受李明輝的談論，則「惻隱之心」並不只是「感情」，它還是先天或超越的感情。在康德倫理學中，並沒有這樣的感情。因為對於康德而言，感情是被排除在道德主體之外的。但對李先生而言，在孟子的惻隱之心既是理也是情（四端之心）。因此，李先生反而認為惻隱之心乃接近現象學倫理學中所謂的「情感先天性」的領域。

但若論及盧梭的「感情」（感覺）觀，他所謂的感覺接近以上的哪一種？

本文已經討論過，對盧梭來說，感覺有時僅是心理上的感受，但在論及與道德有關的「自愛」、「憐憫」、抑或「良心」時，這時的感覺就是靈魂特有的和本質的活動。誠如卡西勒所說，盧梭感情學說的真正核心，乃在於經由感覺，才能進入「智性」（intelligible）的領域。的確，當盧梭在《愛彌兒》中訴說：「良心啊！良心！神聖的本能，不朽的天國的聲音」時，這樣的感情顯然是盧梭式特有的「神聖之道德感情」。

顯然盧梭談的感覺不是康德式的感情，因為後者的感情顯然無法為道德立法，但在盧梭，卻可以由感覺去激發出神聖的道德之感。並且這樣的感情是天生內在的，且乃由上天神聖賦予的。這由內而發的聲音，可謂

與孟子的「非由外鑠我也，我固有之也」相對比。因此吾人可以說，這樣的感情是先天內在的。在這一點上，盧梭的感覺觀恰可與牟先生筆下的孟子惻隱之心相比較。

（二）盧梭對比孟子

另外，依李明輝的談論，孟子由感情（四端之心）去證知天之創造性，而康德由道德意識去設定上帝底存在，差別在於，由於康德認為人並沒有智的直觀，以至於上帝底存在只是設準。但在孟子，心、性、天其實並無分別，此乃所謂「萬物皆備於我」。

本文已經討論過了，盧梭與康德都追求「德福一致」，因而都提出了意志自由、靈魂不滅、上帝存在三大特點。這是在倫理學上由盧梭到康德的思想路線。但此三者在康德只是設準，在盧梭卻不是。盧梭乃是經由良心，直接感覺到此三者之存在。他的良心說並非僅是自然本能，而是神聖的本能，是乃是來自內心深處的真摯之神聖聲音。在自我最深沈的良心的體驗去感受到上帝的存在，這乃是盧梭自己的德福一致之學說。

因此，吾人是否可以說，經由闡述明白了盧梭神聖的良心說後，他的人性論是否更接近於孟子上下與天地同流的心性論？

參考書目

一、專　書

（一）古　籍

〔宋〕孫奭疏，《孟子注疏》，依清阮元刻《十三經注疏》複印（台北：藍燈文化公司，1989 年）。

〔宋〕張載著，《張子全書》，《景印文淵閣四庫全書》影印本，卷 697（台北：臺灣商務，1983 年）。

〔宋〕張載著，《張載集》（台北：漢京文化事業，2004 年）。

〔宋〕張載著，湯勤福導讀，《張子正蒙》（上海：上海古籍出版社，2000 年）。

〔宋〕程灝、程頤同撰，朱熹編，《河南程氏遺書》（台北：臺灣商務，1978 年）。

〔明〕焦竑，《老子翼》，《百部叢書集成》影印，《漸西村舍叢刊》本，卷 13（台北：新文豐出版社，1984 年）。

〔晉〕王弼著，樓宇烈校釋，《老子周易王弼注校釋》，（台北：華正書局，1983 年）。

〔清〕王植著，《正蒙初解》，《景印文淵閣四庫全書》
　　影印本，卷 697（台北：臺灣商務，1983 年）。

〔清〕戴震：《孟子字義疏證》，收於《戴震全書》（合
　　肥：黃山書社，1997 年，第 6 冊）。

（二）中文專書

小野澤精一，《氣的思想：中國自然觀和人的觀念的發
　　展》（上海：上海人民出版社，1990 年）。

中央研究院歷史語言研究所中國上古史編輯委員會編，
　　《中國上古史》（台北：中央研究院歷史語言研究
　　所，1985 年）。

中國社會科學院考古研究所編，《殷墟婦好墓》（北京：
　　文物出版社，1980 年初版，1985 年再版）。

巴塔耶著，劉暉譯，《色情史》（北京：商務出版社，
　　1993 年）。

巴塔耶著，澄波、陳慶浩譯，《文學與惡》（台北：國
　　立編譯館，1997 年）。

王邦雄、曾昭旭、楊祖漢，《孟子義理疏解》（台北：
　　鵝湖月刊雜誌，1983 年）。

王德威，《歷史與怪獸：歷史，暴力，敘事》（台北：
　　麥田出版社，2004 年)。

白川靜著，范月嬌譯，《中國古代文化》（台北：文津
　　出版社，1983 年）。

白川靜著，溫天河、蔡哲茂譯，《甲骨文的世界：古殷

王朝的締構》（台北：巨流，1977 年）。

朱建民，《張載思想研究》（台北：文津出版社，1989年）。

牟宗三，《中國哲學十九講》，《牟宗三先生全集》第29 卷（台北：聯出版公司，2003 年）。

牟宗三，《中國哲學的特質》（台北：臺灣學生，1974年）。

牟宗三，《心體與性體》（台北：正中書局，2003 年）。

牟宗三，《心體與性體（一）》，《牟宗三先生全集》第 5 卷（台北：聯經出版公司，2003 年）。

牟宗三，《智的直覺與中國哲學》，《牟宗三先生全集》第 20 卷（台北：聯經出版公司，2003 年）。

牟宗三，《圓善論》，《牟宗三先生全集》第 22 卷（台北：聯經出版公司，2003 年）。

牟宗三，《道德的理想主義》，《牟宗三先生全集》第 9 卷（台北：聯經出版公司，2003 年）。

牟斯著，汪珍宜、何翠萍譯，《禮物：舊社會中交換的形式與功能》（台北：遠流，1989 年）。

克莉斯蒂娃著，彭仁郁譯，《恐怖的力量》（台北：桂冠，2003 年）。

李明輝，《中國經典詮釋傳統》（台北：喜瑪拉雅研究發展基金會，2002 年）。

李明輝，《四端與七情：關於道德情感的比較哲學探討》（台北：國立臺灣大學出版中心，2005 年）。

李明輝，《孟子重探》（台北：聯經出版公司，2001 年）。

李明輝，《康德倫理學與孟子道德思考之重建》（台北：中央研究院中國文哲研究所，1994 年）。

李明輝，《儒家經典詮釋方法》（台北：國立臺灣大學出版中心，2004 年）。

李明輝，《儒家與康德》（台北：聯經出版公司，1990年）。

李明輝著，〈《孟子》知言養氣章的義理結構〉，收入李明輝編：《孟子思想的哲學探討》（台北：中央研究院中國文哲研究所，1995 年）。

姑目・荅芭絲，《部落記憶 :霧社事件的口述歷史》(台北：翰蘆圖書，2004 年)。

尚・拉普朗虛著，沈志中、王文基譯，《精神分析辭彙》（台北：行人出版社，2001 年）。

信廣來著，〈《孟子告子上》第六章疏解〉，收入李明輝編，《孟子思想的哲學探討》（台北：中央研究院中國文哲研究所，1995 年）。

紀傑克著，孫曉坤譯，《與紀傑克對話》（台北：巨流出版，2008 年）。

迪倫・伊凡斯著，劉紀蕙等譯，《拉岡精神分析辭彙》（台北：巨流，2009 年）。

唐君毅，《中國哲學原論、原道篇》（香港：新亞書院研究所，1973 年）。

唐君毅，《中國哲學原論・原教篇》（香港：新亞書院

研究所，1975 年）。

埃里希・佛洛姆著，劉宗為譯，《逃避自由：透視現代人最深的孤獨與恐懼》（台北：木馬文化，2015 年）。

徐復觀，《中國人性論史》（台北：台灣商務，1975 年）。

恩斯特・卡西勒著，王在華譯，《盧梭問題》（上海：譯林出版社，2009 年）。

祝平次著，楊儒賓編，《天體、身體與國體：迴向世界的漢學》（台北：國立臺灣大學出版中心，2005 年）。

袁保新，《孟子三辨之學的省察與現代詮釋》（台北：文津出版社，1992 年）。

張光直，《中國青銅時代》（台北：聯經出版公司，2002 年）。

張光直著，毛小雨譯，《商代文明》（北京：北京工藝美術出版社，1999 年）。

張光直著，郭淨譯，《美術，神話與祭祀》（台北：稻香出版社，1993 年）。

張岱年，《中國哲學發微》（太原：山西人民出版社，1983 年）。

張秉權，《小屯第二本殷墟文字丙編（上輯）》（台北：歷史語言研究所，1957、1959 年）。

張秉權：《小屯第二本殷墟文字丙編（中輯）》，（台北：歷史語言研究所，1962、1965 年）。

梁思永遺稿、高去尋輯補，《侯家莊第二本 1001 號大墓》（台北：歷史語言研究所，1962 年）。

郭明正，《又見真相：賽德克族與霧社事件：66 個問與
　　答，面對面訪問霧社事件餘生遺族》（台北：遠流，
　　2012 年）。

陳大齊，《孟子待解錄》（台北：臺灣商務，1980 年）。

陳康，《陳康：論希臘哲學》（北京：商務出版社，1990
　　年）。

陳康著，江日新、關子尹編，《陳康哲學論文集》（台
　　北：聯經出版公司，1987 年）。

陳夢家，《殷墟卜辭綜述》（北京：中華出版社，1988
　　年）。

陳夢家，《商代神話》（台北：天一出版社，1991 年）。

陳榮捷，《宋明理學之概念與歷史》（台北：中央研究
　　院中國文哲研究所，1996 年）。

陳榮捷，《近思錄詳註集評》（台北：臺灣學生，1992
　　年）。

陳榮捷著，楊儒賓等合譯，《中國哲學文獻選編》（台
　　北：巨流，1993 年）。

傅佩榮，《儒家哲學新論》（台北：業強出版社，1993
　　年）。

傅斯年，《性命古訓辨證》（台北：新文豐出版公司，
　　1985 年）。

勞思光，《中國哲學史》（台北：三民書局，1981 年）。

勞思光，《新編中國哲學史一》（台北：三民書局，1981
　　年）。

勞思光，《儒家辭典》，
　　http://humanum.arts.cuhk.edu.hk/ConfLex/.

喬治・巴塔耶著，澄波、陳慶浩譯，《文學與惡》（台
　　北：國立編譯館，1997 年）。

彭文林，《倫理相與分離問題：一個由蘇格拉底經柏拉
　　圖至亞理斯多德的哲學發展之研究》（台中縣龍井
　　鄉：明目文化，2002 年）。

斯蒂格勒著，斐程譯，《科技與時間》（南京：譯林出
　　版社，2000 年）。

普拉特納著，尚新建譯，《盧梭的自然狀態》（北京：
　　華夏出版社，2008 年）。

湯淺博雄著，趙英譯，《巴塔耶：消盡》（石家庄市：
　　河北教育，2001 年）。

馮友蘭，《中國哲學史新編》（北京：人民文學出版社，
　　1999 年）。

馮耀明，《「超越內在」的迷思 —— 從分析哲學觀點看
　　當代新儒學》（香港：中文大學出版社，2003 年）。

黃俊傑，《孟學思想史論（卷一）》（台北：東大圖書
　　公司，1991 年）。

黃俊傑，《孟學思想史論（卷二）》（台北：中央研究
　　院中國文哲研究所，1997 年）。

黑格爾著，賀麟譯，《小邏輯》（台北：臺灣商務，1998
　　年）。

黑格爾著，楊一之譯，《邏輯學》（北京：商務出版社，

2000 年）。

楊小濱，《欲望與絕爽：拉岡視野下的當代華語文學與
　　文化》（台北：麥田出版社，2013 年）。

楊儒賓，《儒家身體觀》（台北：中央研究院中國文哲
　　研究所，1996 年）。

楊儒賓主編，《中國古代思想中的氣論及身體觀》（台
　　北：巨流，1993 年）。

楊儒賓著，祝平次編，《儒學的氣論與工夫論》（台北：
　　國立臺灣大學出版中心，2005 年）。

葛幸基著，馬振騁譯，《阿茲特克：太陽與血的民族》
　　（上海：漢語大辭典出版社，2001 年）。

路易士・海德著，吳佳綺譯，《禮物的美學：藝術經濟
　　理論的新主張》（北市：城邦文化出版，2008 年）。

熊琬，《宋代理學與佛學之探討：朱子理學與佛學之探
　　討》（台北：文津出版社，1985 年）。

鄧育仁，《公民儒學》（台北：國立臺灣大學出版中心，
　　2015 年）。

劉又銘，《理在氣中 ── 羅欽順、王廷相、顧炎武、戴
　　震氣本論研究》（台北：五南圖書出版公司，2000
　　年）。

劉述先，〈孟子心性論的再反思〉，收入李明輝編，《孟
　　子思想的哲學探討》（台北：中央研究院中國文哲
　　研究所，1995 年）。

劉夢溪編，《李濟卷》（石家庄市：河北教育出版社，

1996 年）。

劉夢溪編，《傅斯年卷》（石家庄市：河北教育出版社，
　　1996 年）。

劉夢溪編，《董作賓卷》（石家庄市：河北教育出版社，
　　1996 年）。

劉紀蕙，《心的變異：現代性的精神形式》（台北：麥田
　　出版社，2004 年）。

魯迅，《野草》（台北：風雲時代出版社，1990 年）。

魯迅著，楊澤編，《魯迅小說集》（台北：洪範出版社，
　　2008 年）。

魯迅著，楊澤編，《魯迅散文選》（台北：洪範出版社，
　　1995 年）。

盧梭著，李平漚譯，《愛彌兒》（北京：商務出版社，
　　1995 年）。

盧梭著，李常山譯，《論人類不平等的起源和基礎》（北
　　京：商務出版社，1997 年）。

盧梭著，苑舉正譯註，《德性墮落與不平等的起源》（台
　　北：聯經出版公司，2015 年）。

邁爾斯著，白輕譯，《導讀齊澤克》（重慶：重慶大學
　　出版社，2014 年）。

瓊・楚特（Joan Druett）著，陳榮彬譯，《了不起的圖
　　帕伊亞：庫克船長的傳奇領航員》（台北：網路與
　　書出版，2015）。

譚家哲，《形上史論》（台北：唐山出版，2006 年）。

（三）外文專書

Aristotle, *Metaphysics, Loeb Classical Library: Aristotle in 23 Volumes, Vols.17, 18*, trans. Hugh Tredennick （Cambridge, MA: Harvard University Press, 1933）.

Bataille, Georges, *L'expérience intérieure* （ Paris: Gallimard, 1954）.

Bataille, Georges, *Lascaux; or, the Birth of Art, the Prehistoric Paintings*, trans. Austryn Wainhouse （Lausanne: Austryn Wainhouse, 1955）.

Bataille, Georges, *L'érotisme* （Paris :Éditions de Minuit, 1957）.

Bataille, Georges, *Erotism: Death and Sensuality, trans. Mary Dalwood* （San Francisco: City Lights, 1961）.

Bataille, Georges, *Oeuvres complètes* （Paris: Gallimard, 1970-1999）.

Bataille, Georges, *Story of the Eye,* trans. Joachim Neugroschel （San Francisco: City Lights, 1987）.

Bataille, Georges, *The Accursed Shar*, trans. Robert Hurley （New York: Zone Books, 1988）.

Bataille, Georges, *Theory of Religion*, trans. Robert Hurley （New York: Zone Books, 1989）.

Bataille, Georges, *La part maudite: précédé de la notion de dépense* （Paris: Editions de Minuit, 1990）.

Bataille, Georges, *Essential Writings*, trans. Michael Richardson
（London: Thousand Oaks, Calif.: Sage, 1998）．

Bataille, Georges, *Théorie de la religion*（Paris: Gallimard,
2006）．

Bloom, Allen, " Rousseau," in *History of Political
Philosophy*, ed. Leo Strauss and Joseph Cropsey
(Chicago : University of Chicago Press, 1972).

Bloom, Allen, "Rousseau's Critique of Liberal
Constitutionalism," *In The Legacy ofRousseau*, ed.
Clifford Orwin and Nathan Tarcov
(Chicago:University of Chicago Press, 1997).

Bloom, Allen, "The Education of Democratic Man:
Emile," *In Jean-Jacques Rousseau*, ed. Harold Bloom
(New York : Chelsea House, 1988).

Cassirer, Ernst, *Philosophie der Aufklarung*, Trans. Peter
Gay (Boston : Beacon Press, 1951).

Cassirer, Ernst, *Rousseau, Kant, Goethe : Two Essays*,
trans. James Gutmann, Paul Oskar Kristeller, and
John Herman Randall, Jr (New York : Harper & Row,
1963).

Cassirer, Ernst, *Problem of Jean Jacques Rousseau*, trans.
Peter Gay (New Haven : Yale University Press,
1989).

Connor, P, Georges Bataille and the Mysticism of Sin

(Baltimore:Johns Hopkins University Press, 2000).

Dent, N, J, H, *A Rousseau Dictionary* (Cambridge: Blackwell Reference, 1992).

Dent, N, J, H, *Rousseau: Introduction to His Psychological, Social and Political Theory* (New York : Blackwell, 1988).

Descartes, Rene, *Discourse on Method and Meditations,* trans. Laurence J. Lafleur (New York: The Liberal Arts Press, 1960).

Derrida, Jacques, *Of Grammatology*, trans. Fayatri Chakravorty Spivak (London: The Johns Hopkins University Press, 1976).

D'Hondt, Jacques, *Hegel Secret* (Paris: Presses Universitaires de France, 1968).

D'Hondt, Jacques, *Hegel et L' hégèlianisme* (Paris: Presses Universitaires de France, 1982).

D'Hondt, Jacques, *Hegel in His Time: Berlin, 1818-1831,* trans. John Burbidge, Peterborough (Ont: Broadview, 1988).

Freud, Sigmund, *Instincts and Their Vicissitudes*, in SE XIV (London: Hogarth Press, 1915).

Freud, Sigmund, *A Child is Being Beaten: A Contribution to the Study of the Origin of Sexual Perversions,* in SE XVII (London: Hogarth Press, 1919).

Freud, Sigmund, *The Economic Problem of Masochism*, in SE XIX(London: Hogarth Press, 1924).

Freud, Sigmund, *Instincts and Their Vicissitudes*, in SE XIV(London: Hogarth Press, 1915).

Findlay, J. N, *Hegel : A Re-Examination* (New York : Macmillan, 1958).

Gadamer, Hans-Georg, *Hegel's Dialectic: Five Hermeneutical Studies*, trans. P. Christopher Smith (New Haven: Yale University Press, 1976).

Houlgate, Stephen, *Freedom, Truth and History: An Introduction to Hegel's Philosophy* (New York: Routledge, 1991).

Houlgate, Stephen, *Hegel, Nietxsche and the Criticism of Metaphysics* (Cambridge: Cambridge University Press, 1986).

Houlgate, Stephen, *The Opening of Hegel's Logic: From Being to Infinity* (Indiana: Purdue University Press, 2006).

Hegel, G. W. F, Science of Logic, trans. Miller, A. (London: George Allen & Unwin, 1969).

Hegel, G. W. F, Hermann Glockner, Sämtliche Werke. 26 Volsed. (Stuttgart: F. Frommann, 1927-40).

Hegel, G. W. F, Lectures on the History of Philosophy, 3 Vols, trans. Haldane, E.S. (London: Paul, Trench &

Trübner, 1892-96).

Inwood, Michale, *Hegel* (London: Routledge, 1983).

Inwood, Michale, *A Hegel Dictionary* (Cambridge:Blackwell, 1992).

Justus, Hartnack, *An Introduction to Hegel's Logic* (Cambridge: Hacklett Publishing Company, 1989).

Kaufmann, Walter A, *From Shakespeare to Existentialism* (New York：Doubleday, 1960).

Kaufmann, Walter A, *Hegel: Reinterpretation, Texts, and Commentary* (New York：Doubleday, 1965).

Kwang-chih, Chang, *Shang Civilization* (New Haven: Yale University Press, 1980).

Lacan, Jacques, Jacque-Alain Miller eds., *The Four Fundamental Concepts of Psychoanalysis, trans. Alan Sheridan*（New York: Norton & Co Inc, 1998）

Lacan, Jacques, *The Seminar of Jacques Lacan: The Other Side of Psychoanalysis, trans. Russell* Grigg（New York: W. W. Norton & Company, 2007）

Lacan, Jacques, Jacque-Alain Miller, eds., *The Ethics of Psychoanalysis 1959-1960, trans. Dennis Porter*（New York：Routledge, 2008）

Lévi-Strauss, Claude, *Structural Anthropology*, trans. Claire Jacobson and Brooke Grundfest Schoepf (New York: Basic, 1963).

Mauss, Marcel, *The Gift: The Form and Reason for Exchange in Archaic Societies,* trans. W.D. Halls（New York: Routledge, 1990）

Master, Roger D, *The Political Philosophy of Rousseau* (Princeton: Princeton University Press, 1968).

Michael, Banner, *The Doctrine of God and Theological Ethics* (New York: T. & T. Clark Publishers, 2006).

Neuhouser, Frederick, *Rousseau's Theodicy of Self-Love* (New York:Columbia University Press, 2008).

Pippin, Robert B, *Hegel's Idealism : the Satisfactions of Self-Consciousness (*New York:Cambridge University Press, 1989).

Pippin, Robert B, *Idealism as Modernism: Hegelian Variations* (Cambridge: Cambridge University Press, 1997).

Pinkard, Terry, "The Logic of Hegel's Logic," *Journal of the History of Philosophy 17* (1979): 417-35.

Pinkard, Terry, "Hegels Dialectic," *The Explanation of Possibility* (Philadelphia: Temple University Press, 1985).

Rockmore, Tom, *Before & After Hegel: A Historical Introduction to Hegel's Thought* (Berkeley: University of California Press, 1989).

Rousseau, Jean-Jacques, *Oeuvres Complètes*, ed. B.

Gagnebin and M. Raymond (Paris: Gallimard, 1959-1969).

Rousseau, Jean-Jacques, *Emile, Or On Education*, trans. Allan Bloom (New York : Basic Books, 1979).

Rousseau, Jean-Jacques, *Discourse on the Origin of Inequality*, ed. Roger D. Masters and Christopher Kelly. trans Judith R. Bush (London : University Press of New England Dartmouth College, 1992).

Rousseau, Jean-Jacques, *The Confessions, Including The Letters to Malesherbes*, ed. Christopher Kelly, Roger D. Masters and Peter G. Stillman. trans. Christopher Kelly, Hanover (London: University Press of New England Dartmouth College, 1995).

Rousseau, Jean-Jacques, *Discours sur l'origine et les fondements de l'inégalité parmi les hommes* (Paris : Garnier-Flammarion, 1971).

Richardson, M, *Georges Bataille* (New York: Routledge, 1994).

Starobinski, Jean, *Transparency and Obstruction*, trans. Arthur Goldhammer (Chicago: The University of Chicago Press, 1988).

Strauss, Leo, *Natural Right and History* (Chicago: University of Chicago Press, 1953).

Strauss, Leo, *What Is Political Philosophy, and Other*

Studies (Chicago: University of Chicago Press, 1959).

Strauss, Leo, ed. Leo Strauss and Joseph Cropsey. *History of Political Philosophy* (Chicago:University of Chicago Press, 1972).

Strauss, Leo, ed. Hilail Gildin. "The Three Waves of Modernity", in *Political Philosophy: Six Essays*(New York: The Bobbs-Merrill Company, 1973).

Surya, M, *Georges Bataille: An Intellectual Biography*, trans. KrzysztofFijalkowski and Michael Richardson (New York:Verso, 2002).

Winnubst, S, eds, *Reading Bataille Now* (Bloomington: Indiana University Press, 2007).

二、論　文

（一）期刊論文

王昌偉，〈求同與存異：張載與王廷相氣論之比較〉，《漢學研究》第 23 卷 2 期（2005 年，12 月）。

王開府，〈張橫渠氣論之詮釋 —— 爭議與解決〉，《中國哲學論集》日本九州大學中國哲學研究會印行，第 26 號（1999 年 9 月）。

余德慧、石世明、夏淑怡，〈探討癌末處境「聖世界」的形成〉，《生死學研究》第 3 卷（2006 年，1 月）。

李明輝，〈劉蕺山對朱子理氣論的批判〉，《漢學研究》

第 19 卷 2 期（2001 年 12 月）。

苑舉正，〈「無知的理解」：蘇格拉底與盧梭的兩種德行觀〉，《台灣大學哲學論評》第 33 期（2007 年 3 月）。

馬季凡，〈商代中期的人祭制度研究 —— 以鄭州小雙橋商代遺址的人祭遺存為例〉，《中原文物》第 3 期（2004 年，）。

陳政揚，〈張載「太虛即氣」說辨析〉，《東吳哲學學報》第 14 期，（2005 年，8 月）。

陳政揚，〈論莊子與張載的「氣」概念〉，《東吳哲學學報》第 12 期，（2006 年，8 月）。

傅佩榮，〈儒家人性論的現代化詮釋〉，《現代化研究》第 31 卷（2002 年 7 月）。

彭文林，〈亞理斯多德的幾個哲學面向〉，《歷史月刊》第 224 期（2006 年 9 月）。

彭文林，〈張橫渠闢佛之氣化論〉，《文史哲學報》第 45 期（1996 年，12 月）。

彭文林，〈論亞里斯多德的物質因與《尚書·洪範》的五行思想〉，《鵝湖黃天樹，〈甲骨文中有關獵首風俗的記載〉，《中國文化研究》夏之卷（2005 年，5 月）。

黃俊傑，〈孟子盡心上第一章集釋新詮〉，《漢學研究》第 10 卷 2 期（1992 年 12 月）。

楊儒賓，〈變化氣質、養氣與觀聖賢氣象〉，《漢學研

究》第 19 卷 1 期（2001 年，6 月）。

鄧育仁，〈隱喻與情理 ── 孟學論辯放到當代西方哲學
　　時〉，《清華學報》第 38 卷 3 期（2008 年，9 月）。

劉又銘，〈吳廷翰的自然氣本論〉，《成大宗教與文化
　　學報》第 5 期（2005 年，12 月）。

劉振維，〈從「性善」到「性本善」 ── 一個儒學核心
　　概念轉化之探討〉，《東華人文學報》（2005 年 7
　　月）。

戴華，〈康德《純粹理性批判》中「主觀演繹」的論証
　　過程與方法〉，《人文社會科學集刊》第 3 期（1990
　　年，10 月）。

劉海琴，〈甲骨文「伐」字資料反映「獵首」風俗商榷〉，
　　《傳統中國研究集刊》第 2 輯（2006 年，12 月）。

（二）學位論文

杜保瑞，《論王船山易學與氣論並重的形上學進路》（台
　　北：台灣大學哲學研究所博士論文，1993 年）。

邵碩芳，《獵首、儀式與族群關係：以阿里山鄒族 mayasvi
　　為例》（台東：國立台東大學南島文化研究所碩士
　　論文，2008 年）。

彭文林，《程明道與張橫渠入道異徑說》（台灣大學哲
　　學研究所碩士論文，1986 年）。

（三）研討會論文

彭文林，〈從一個哲學方法上的考慮談中西形上學的比較〉（第二屆比較哲學學術研討會，嘉義：南華大學哲學所，2001 年）。

三、電子媒體

陳界仁，〈凌遲考 ── 創作自述〉，（來源：伊通公園網站 http://www.itpark.com.tw/artist/essays_data/10/842/73，2014 年 12 月 10 日。

陳界仁，〈招魂術 ── 關於作品的形式〉，（來源：伊通公園網站 file:///Users/wuwuhc/Desktop/陳界仁/伊通公園 %20I 招魂術：關於作品的形式.webarchive)，2014 年 12 月 10 日。

後　　記

　　哲學研究入門以來，我就對於比較哲學懷有濃厚的興趣。既想涵泳於古中國文化，又不能忘情於當代哲學；個人才情與心力有限，勉強爬梳鑽研的結果，才將這幾篇論題各自獨立的文章補輯成書。然而一回首，十餘年的光陰過去了。環顧上世紀以來漢語哲學的工作，或多或少皆反映出跨文化哲學的脈絡。筆者在前言中提及的陳康、唐君毅、牟宗三諸先生，處理中西哲學論題時，都有著常人未及的大氣魄。漢語哲學與西方哲學本就是在截然不同的語言體系與思想脈絡中沿革而成。昔佛典西來，亦經歷數百年的闡釋及迻譯，才達彼此匯流融合。本書編輯回首之際，仍自慚才疏學淺。思及幾位老師啓蒙之恩，始終感念；尤其我要向彭文林教授與譚家哲教授表達心中永遠的敬意。